高等职业教育工程造价与工程管理类专业"十三五"规划教材

建设工程技术资料管理实训

主　编　刘剑英

副主编　杨淑华　范菊雨　田海玉

WUHAN UNIVERSITY PRESS
武汉大学出版社

图书在版编目(CIP)数据

建设工程技术资料管理实训 /刘剑英主编. —武汉:武汉大学出版社,2018.4
高等职业教育工程造价与工程管理类专业"十三五"规划教材
ISBN 978-7-307-20014-2

Ⅰ.建…　Ⅱ.刘…　Ⅲ.建筑工程—技术档案—档案管理—高等职业教育
—教材　Ⅳ.G275.3

中国版本图书馆 CIP 数据核字(2018)第 020809 号

责任编辑:方竞男　　　责任校对:杜筱娜　　　装帧设计:吴　极

出版发行:**武汉大学出版社**　(430072　武昌　珞珈山)
　　　　　(电子邮件:whu_publish@163.com　网址:www.stmpress.cn)
印刷:武汉乐生印刷有限公司
开本:880×1230　1/16　　印张:11.5　字数:365 千字
版次:2018 年 4 月第 1 版　　2018 年 4 月第 1 次印刷
ISBN 978-7-307-20014-2　　定价:36.00 元

特别提示

　　教学实践表明,有效地利用数字化教学资源,对于学生学习能力以及问题意识的培养乃至怀疑精神的塑造具有重要意义。

　　通过对数字化教学资源的选取与利用,学生的学习从以教师主讲的单向指导模式转变为建设性、发现性的学习,从被动学习转变为主动学习,由教师传播知识到学生自己重新创造知识。这无疑是锻炼和提高学生的信息素养的大好机会,也是检验其学习能力、学习收获的最佳方式和途径之一。

　　本系列教材在相关编写人员的配合下,逐步配备基本数字教学资源,主要内容包括:

　　文本:课程重难点、思考题与习题参考答案、知识拓展等。

　　图片:课程教学外观图、原理图、设计图等。

　　视频:课程讲述对象展示视频、模拟动画,课程实验视频,工程实例视频等。

　　音频:课程讲述对象解说音频、录音材料等。

数字资源获取方法:

① 打开微信,点击"扫一扫"。

② 将扫描框对准书中所附的二维码。

③ 扫描完毕,即可查看文件。

更多数字教学资源共享、图书购买及读者互动敬请关注"开动传媒"微信公众号!

前　言

为适应 21 世纪职业技术教育发展需要,培养建筑行业具备建筑工程技术资料管理知识的专业技术管理应用型人才,编者结合当前建筑工程技术资料管理发展的前沿问题编写了本书。

本书内容共分三章,主要包括建筑工程施工管理用表、建筑工程材料用表、建筑工程竣工验收地基用表、建筑工程主体结构用表、建筑工程装饰装修用表等内容。此外,为便于读者学习,还附有"竣工验收备案表"和"房屋建筑工程质量保修书"条款及格式。

本书可按照 36～60 学时安排教学,推荐学时分配:第一章 6～10 学时,第二章 14～26 学时,第三章 16～24 学时。教师可根据不同的专业灵活安排学时,课堂重点讲解每章主要知识模块,应用案例和表格填写等模块可安排学生课堂和课后练习。

本书突破了已有相关教材的知识框架,注重理论与实践相结合,采用全新实用体例编写而成;注重培养学生的动手能力,表格规范、系统,并附有多专业表格样式供读者选用。

本书既可作为高职高专院校建筑工程类相关专业的实训教材和指导书,也可以作为土建施工类及工程管理类等专业课后练习的实用训练书。

本书由湖北城市建设职业技术学院刘剑英担任主编,湖北城市建设职业技术学院杨淑华、范菊雨、田海玉担任副主编。具体编写分工为:杨淑华编写第一章,范菊雨编写第二章,刘剑英和田海玉编写第三章。全书由刘剑英负责统稿。

本书在编写过程中,参考和引用了国内大量文献资料,在此谨向原书作者表示衷心感谢。上海建科工程项目管理有限公司黄琪为本书提供了大量的工程实例,在此一并表示感谢。

由于编者水平有限,本书难免存在不足和疏漏之处,敬请各位读者批评指正。

编　者

2017 年 9 月

目　录

数字资源目录

第一章 工程技术管理资料

一、实训项目名称

工程技术管理资料填报。

二、适用专业

建筑工程管理、工程造价及其他相关专业。

三、实训目标

能熟练进行建筑工程技术管理资料的编目、整理、立卷、归档与移交工作。

1. 知识目标

能准确说出工程技术管理资料的分类；

能够说出工程技术管理资料常规表格填写的一般要求；

能熟练陈述工程技术管理资料的运作程序。

2. 能力目标

能识别工程技术管理资料；

能够熟练掌握工程技术管理资料的表式；

能深入理解工程技术管理资料的质量要求；

熟练掌握工程技术管理资料的填表方法。

四、实训任务及要求

(1)完成工程管理资料的编制与归档；

(2)完成工程技术资料的编制与归档。

五、实训组织

(1)学生分组,分别代表建设单位、监理单位、施工单位进行角色扮演,模拟工程进度节点及各类通常容易发生的事件,结合工程实践进行资料上报、审批、汇总。

(2)老师提示、点评、修改、总结。

六、实训步骤

(1)图表准备；

(2)任务准备；

(3)填写表格；

(4)错误订正；

(5)表格送报。

第一节　工程管理资料(A 类)填报实训指导任务书

【实训项目名称】

　　工程管理资料(A 类)填报。

【适用专业】

　　建筑工程管理、工程造价及其他相关专业。

【实训目标】

　　能熟练进行建筑工程技术资料的编目、整理、立卷、归档与移交工作。

　　1. 知识目标

　　能准确说出工程管理资料(A 类)的分类;

　　能够说出工程管理资料(A 类)常规表格填写的一般要求;

　　能熟练陈述工程管理资料(A 类)的运作程序。

　　2. 能力目标

　　能识别工程管理资料(A 类);

　　能够熟练掌握工程管理资料(A 类)的表式;

　　能深入理解工程管理资料(A 类)的质量要求;

　　熟练掌握工程管理资料(A 类)的填表方法。

【实训任务及要求】

　　(1)完成工程概况表的编制与归档;

　　(2)完成开工报告的编制与归档;

　　(3)完成竣工报告的编制与归档;

　　(4)完成停、复工报告的编制与归档;

　　(5)施工日志等资料表格的规范填写与归档。

【实训组织】

　　(1)学生分组,分别代表建设单位、监理单位、施工单位进行角色扮演,模拟工程进度节点及各类通常容易发生的事件,结合工程实践进行资料上报、审批、汇总;

　　(2)老师提示、点评、修改、总结。

【实训步骤】

　　(1)图表准备;

　　(2)任务准备;

　　(3)填写表格;

　　(4)错误订正;

　　(5)表格送报。

表 A1　　　　　　　　　　　　　　　　　工程概况表

编号：

一般情况	工程名称			
	建设单位		建设用途	
	监理单位		建设地点	
	施工单位		总建筑面积	
	勘察单位		设计单位	
	开工日期	年　月　日	竣工日期	年　月　日
	结构类型		基础类型	
	层数		建筑檐高	
	地上面积		地下室面积	
	人防等级		抗震等级	
	载客(货)电梯		扶梯、自动人行道	
构造特征	地基与基础			
	柱、内外墙			
	梁、板、楼盖			
	外墙装饰			
	内墙装饰			
	楼地面装饰			
	屋面防水			
	防火装备			
	建筑节能			
建筑给排水及供暖、电气、通风与空调、电梯及智能建筑系统简要描述				
其他				

注：本表由施工单位填写，建设单位、施工单位、城建档案馆各保存一份。

表 A1-1 　　　　　　　　　　　　　　**建筑节能工程概况表**

　　　　　　　　　　　　　　　　　　　　　　　　　　　　　　编号：

工程名称		建设单位	
施工单位		节能分包单位	
节能子分部工程	开工、完工日期，系统构造、制式和基本做法		
维护系统节能			
供暖空调设备及管网节能			
电气动力节能			
监控系统节能			
可再生能源			
施工单位项目技术负责人： 年　月　日		总监理工程师： 年　月　日	

注：本表由施工单位填报，经监理单位审批后，建设单位、监理单位、施工单位、城建档案馆各保存一份。

表 A2　　　　　　　　　　　　　**施工项目部管理人员名单**

编号：

工程名称						
施工单位						
姓名	项目职务	职称	专业	证书名称	证书编号	备注

上述人员是我单位＿＿＿＿＿＿＿＿＿＿＿＿＿＿＿＿工程配备/调整的施工项目负责人及管理人员,请监理(建设)单位审核。

　　　　　　　　　　　　　　　　　　　　　　　　　　　　　　　　（公章）

项目经理：　　　　　　　　　　　　　　　　　　　　　　　日期：　年　月　日

审核意见：

　　　　　　　　　　　　　　　　　　　　　　　　　　　　　　　　（公章）

总监理工程师：
(建设单位项目负责人)　　　　　　　　　　　　　　　　　　日期：　年　月　日

注：本表由施工单位填写,建设单位、监理单位、施工单位、城建档案馆各保存一份。

表 A4-1 施工现场质量管理检查记录

开工日期： 年 月 日

工程名称		施工许可证号	
建设单位		项目负责人	
设计单位		项目负责人	
监理单位		总监理工程师	
勘察单位		项目负责人	

施工单位		项目负责人		项目技术负责人	

序号	项目	主要内容
1	项目部质量管理体系	
2	现场质量责任制	
3	主要专业工种操作岗位证书	
4	分包单位管理制度	
5	图纸会审记录	
6	地质勘查资料	
7	施工技术标准	
8	施工组织设计、施工方案编制及审批	
9	物资采购管理制度	
10	施工设施和机械设备管理制度	
11	计量设备配备	
12	检测试验管理制度	
13	工程质量检查验收制度	

自检结果： 施工单位项目负责人： 年 月 日	检查结论： 总监理工程师： （建设单位项目负责人） 年 月 日

注：本表由施工单位填写，建设单位、施工单位、城建档案馆各保存一份。

表 A4-2 　　　　　　　　　　　　　　**砌体工程施工质量控制等级检查记录**

编号：

工程名称			施工日期		
建设单位			项目负责人		
设计单位			项目负责人		
监理单位			总监理工程师		
施工单位		项目负责人		项目技术负责人	
设计或规范规定的施工质量控制等级					

《砌体结构工程施工质量验收规范》（GB 50203—2011）的规定			检查情况记录
A	现场质量管理	监督检查制度健全，并严格执行；施工方有在岗专业技术管理人员，人员齐全，并持证上岗	
	砂浆、混凝土强度	试块按规定制作，强度满足验收规定，离散性小	
	砂浆拌和	机械拌和；配合比计量控制严格	
	砌筑工人	中级工以上，其中高级工不少于30%	
B	现场质量管理	监督检查制度基本健全，并能执行；施工方有在岗专业技术管理人员，人员齐全，并持证上岗	
	砂浆、混凝土强度	试块按规定制作，强度满足验收规定，离散性较小	
	砂浆拌和	机械拌和；配合比计量控制一般	
	砌筑工人	高、中级工不少于70%	
C	现场质量管理	有监督检查制度；施工方有在岗专业技术管理人员	
	砂浆、混凝土强度	试块按规定制作，强度满足验收规定，离散性大	
	砂浆拌和	机械拌和或人工拌和；配合比计量控制较差	
	砌筑工人	初级工以上	

核验等级		年 月 日
处理意见		

三签栏	监理（建设）项目部（签章）	施工项目部（签章）	
		项目负责人	项目专业技术负责人
	年 月 日	年 月 日	年 月 日

注：1.砂浆、混凝土强度离散性大小根据强度标准差确定；
　　2.配筋砌体不得为C级施工。

表 A5　　　　　　　　　　　　　　**工程开工报告**

编号：

工程名称		施工单位	
工程地点		建设单位	

根据合同的约定,建设单位已取得主管单位审批建设许可证,我方已完成了开工前的各项准备工作,计划于_____年_____月_____日开工,请审批。

已完成报审的条件有：

施工许可证；

设计交底及图纸会审；

施工组织设计(含主要管理人员和特殊工种资格证明)、施工方案；

施工测量放线；

主要人员、材料、设备进场；

施工现场道路、水、电、通信等已达到开工条件；

其他。

项目负责人：

施工单位(公章)：

年　月　日

审批意见：

审批结论：

同意　　　　　　　　不同意

总监理工程师：

(建设单位项目负责人)

监理(建设)单位(公章)：

年　月　日

注：本表由施工单位填报,经监理单位审批后,建设单位、监理单位、施工单位、城建档案馆各保存一份。

工程开工报告
案例

表 A6 | 工程竣工报告

编号：

工程名称		施工单位	
工程结构类型		建筑面积		层数	
工程开工日期	年 月 日	计划竣工日期		年 月 日

致 ＿＿＿＿＿＿＿＿＿＿＿＿＿＿＿＿＿＿＿＿＿＿监理（建设）单位：

　　根据合同约定，我方已完成合同规定的全部工作内容，工完场清，具备竣工验收条件。特此报告，请批复。

项目负责人：

施工单位（公章）：

年 月 日

审批意见：

审批结论：

同意　　　　　不同意

总监理工程师：

（建设单位项目负责人）

监理（建设）单位（公章）：

年 月 日

注：本表由施工单位填报，经监理单位审批后，建设单位、监理单位、施工单位、城建档案馆各存一份。

表 A7 　　　　　　　　　　　　**工程停工报告**

工程停工报告
案例

编号：×××

工程名称		施工单位	
停工日期	年　月　日	预计停工天数	

致＿＿＿＿＿＿＿＿＿＿＿＿＿＿＿＿＿＿＿＿＿监理（建设）单位：

＿＿＿＿＿＿＿＿＿＿＿＿＿工程于＿＿＿＿年＿＿月＿＿日开工。由于以下方面的原因，现要求停止施工，特此报告，请批复。

停工原因：

项目负责人：　　　　　　　　　　　　　　施工单位（公章）：

年　月　日

审批意见：

审批结论：

同意　　　　　　不同意

总监理工程师：
（建设单位项目负责人）　　　　　　　　监理（建设）单位（公章）：

年　月　日

注：本表由施工单位填报，经监理单位审批后，建设单位、监理单位、施工单位、城建档案馆各保存一份。

表 A8   **工程复工报告**

编号：

工程复工报告
案例

工程名称		施工单位	
复工日期	年 月 日	实际停工天数	

_____工程于_____年_____月_____日开始停工。

目前具备复工条件，特此报告，请批复。

复工具备的条件：

项目负责人：   施工单位(公章)：

年 月 日

审批意见：

审批结论：

                   同意   不同意

    总监理工程师：
(建设单位项目负责人)   监理(建设)单位(公章)：

年 月 日

注：本表由施工单位填报，经监理单位审批后，建设单位、监理单位、施工单位、城建档案馆各存一份。

表 A9　　　　　　　　　　　　　　　　　施工进度计划分析

编号：

工程名称				共　　页		第　　页
序号	分部分项工程	单位	数量	计划开始时间	计划结束时间	备注
				实际开始时间	实际结束时间	
说明：						

项目负责人		审核人		填报日期		年　月　日

注：本表由施工单位填报，建设单位、监理单位、施工单位、城建档案馆各保存一份。

表 A11 施工日志

编号：

工程名称					
日期	年　月　日	施工单位			
天气状况		风力		最高/最低温度	/
突发事件					

生产情况记录:(施工项目内容、机械作业、班组工作、生产存在问题)

技术质量安全工作记录:(技术质量安全活动、技术质量安全问题、检查验收情况等)

项目负责人		记录人	

注:本表由施工单位填写,建设单位、施工单位、城建档案馆各保存一份。

表 A12　　　　　　　　　　　　　　　　**不合格项处置记录**

编号：

工程名称		发生/发现日期	年　月　日

不合格项发生部位与原因：

致＿＿＿＿＿＿＿＿＿＿＿＿：

由于以下情况的发生，使你单位在＿＿＿＿＿＿＿＿＿＿＿＿＿＿＿＿＿＿＿＿＿＿＿＿＿发生严重/一般不合格项，请及时采取措施予以整改。

具体情况：

　　　　　　　　　　　　　　　　　　　　　　　　　　　　　自行整改

　　　　　　　　　　　　　　　　　　　　　　　　　　　整改方案经设计认可

　　　　　　　　　　　　　　　　　　　　　　　　　　　整改后报我方验收

签发单位：　　　　　　　　签发人：　　　　　　　　　　　日期：　年　月　日

不合格项整改措施：

　　　　　　　　　　　　　　　　　　　　　　　　　　　　　整改单位：

　　　　　　　　　　　　　　　　　　　　　　　　　　　　　整改期限：

　　　　　　　　　　　　　　　　　　　　　　　　　　　　　整改责任人：

不合格项整改结果：

致

　　根据您方指示，我方已完成整改，请予以验收。

整改结论：

同意验收

继续整改

返工重做

其他

　　　　＿＿＿＿＿＿＿＿＿＿＿＿＿＿＿

　　　　　　　　　　　　　　　　　　　　　　　　　　　　　验收单位：

　　　　　　　　　　　　　　　　　　　　　　　　　　　　　验收人：

　　　　　　　　　　　　　　　　　　　　　　　　　　　　　日期：　年　月　日

注：本表由下达方填写，整改方填报整改结果，双方单位、建设单位、监理单位、施工单位、城建档案馆各保存一份。

第二节　工程管理资料(B 类)填报实训指导任务书

【实训项目名称】

工程技术资料(B 类)填报。

【适用专业】

建筑工程管理、工程造价及其他相关专业。

【实训目标】

能熟练进行建筑工程技术资料的编目、整理、立卷、归档与移交工作。

1. 知识目标

能准确说出工程技术资料(B 类)的分类;

能够说出工程技术资料(B 类)常规表格填写的一般要求;

能熟练陈述工程技术资料(B 类)的运作程序。

2. 能力目标

能识别工程技术资料(B 类);

能够熟练掌握工程技术资料(B 类)的表式;

能深入理解工程技术资料(B 类)的质量要求;

熟练掌握工程技术资料(B 类)的填表方法。

【实训任务及要求】

(1)完成工程技术文件报审表的编制与归档;

(2)完成技术交底记录的编制与归档;

(3)完成设计交底记录的编制与归档;

(4)完成图纸会审记录的编制与归档;

(5)完成设计变更通知单等资料表格的规范填写与归档。

【实训组织】

(1)学生分组,分别代表建设单位、监理单位、施工单位进行角色扮演,模拟工程进度节点及各类通常容易发生的事件,结合工程实践进行资料上报、审批、汇总;

(2)老师提示、点评、修改、总结。

【实训步骤】

(1)图表准备;

(2)任务准备;

(3)填写表格;

(4)错误订正;

(5)表格送报。

工程技术
文件报审表
案例

表 B1　　　　　　　　　　　　　　　　**工程技术文件报审表**

编号：

| 工程名称 | | | 日期 | 年　月　日 |

现报上关于＿＿＿＿＿＿＿＿＿＿＿＿工程的技术管理文件，请予以审定。

	文件名称	编制人	册数	页数
	施工组织设计			
	施工方案			

施工单位名称：　　　　　　　　项目技术负责人：　　　　　申报人：

总承包单位审核意见：

有/无附页

总承包单位名称：　　　　　　　审核人：　　　　　　审核日期：　年　月　日

监理审定意见：

审定结论：　　　　　　同意　　　　　　　修改后报　　　　　重新编制

监理单位名称：　　　　　　　监理工程师：　　　　　　　日期：　年　月　日

注：本表由施工单位填报，经监理审批后，建设单位、监理单位、施工单位、城建档案馆各保存一份。

表 B2　　　　　　　　　　　　　　　　　　**技术交底记录**

工程名称		交底时间	年　月　日
交底单位		接受交底单位	
交底提要			

交底内容：（包括工程中的关键性施工技术问题；保证工程施工质量的施工方法、技术措施和安全、环境保护措施等；施工质量标准及验收规范的有关条文；施工图中必须注意的尺寸、标高、轴线及预埋件、预留孔位置；设计变更的具体情况；质量和安全操作要求等）

交底人	
接受交底人	

注：本表由施工单位填写，交底单位与接受交底单位、建设单位、施工单位、城建档案馆各保存一份。

表 B3-1   **设计交底记录**

编号：

工程名称		共　页　第　页	
地点		日期	年　月　日

交底内容：

建设单位(项目负责人)		
设计单位(项目负责人)		(建设单位公章)
监理单位(总监理工程师)		
施工单位(项目技术负责人)		

注：由施工单位整理、汇总，各参会单位会签，并经建设单位盖章，有关单位各保存一份。

表 B3-2　　　　　　　　　　　　　　　**图纸会审记录**

编号：

工程名称				共　页　第　页	
地点		记录整理人		日期	年　月　日
建设单位参加人员					
设计单位参加人员					
监理单位参加人员					
施工单位参加人员					

序号	施工图号	提出图纸问题（可附加页）	图纸修订意见（可附加页）

项目负责人：	项目负责人：	总监理工程师：	项目技术负责人：
建设单位（公章）	设计单位（公章）	监理单位（公章）	施工单位（公章）

注：由施工单位整理、汇总，各参会单位会签，并经各单位盖章，有关单位各保存一份。

图纸会审记录
案例

表 B3-3   **设计变更通知单**

编号：

工程名称		日期	年 月 日
设计单位		专业名称	
变更摘要			

记录内容：

签字 盖章栏	设计单位				
	项目负责人	设计	校对	审核	审定

注：本表由设计单位提出，建设单位、监理单位、施工单位、城建档案馆各保存一份。

表 B3-4　　　　　　　　　　　　　　　　　　**工程洽商记录**

工程名称		日期	年　月　日
提出单位名称		专业名称	
内容摘要			

序号	图号	洽商内容

签字盖章栏	建设单位	设计单位	监理单位	施工单位

注：本表由洽商提出方填写并注明原图纸号，有关单位会签并盖章各保存一份。

第二章 工程质量控制资料

一、实训项目名称

工程质量控制资料(C~F类)填报。

二、适用专业

建筑工程管理、工程造价及其他相关专业。

三、实训目标

能熟练进行建筑工程质量控制资料的编目、整理、立卷、归档与移交工作。

1. 知识目标

能准确说出工程质量控制资料(C~F类)的分类;

能够说出工程质量控制资料(C~F类)常规表格填写的一般要求;

能熟练陈述工程质量控制资料(C~F类)的运作程序。

2. 能力目标

能识别工程质量控制资料(C~F类);

能够熟练掌握工程质量控制资料(C~F类)的表式;

能深入理解工程质量控制资料(C~F类)的质量要求;

熟练掌握工程质量控制资料的填表方法。

四、实训任务及要求

(1)完成工程定位测量记录的编制与归档;

(2)完成楼层放线记录的编制与归档;

(3)完成隐蔽工程检查记录的编制与归档;

(4)完成施工记录(通用)的编制与归档;

(5)完成混凝土试块强度统计、评定记录表等资料表格的规范填写与归档。

五、实训组织

(1)学生分组,分别代表建设单位、监理单位、施工单位进行角色扮演,模拟工程进度节点及各类通常容易发生的事件,结合工程实践进行资料上报、审批、汇总;

(2)老师提示、点评、修改、总结。

六、实训步骤

(1)图表准备;

(2)事件准备;

(3)填写表格;

(4)错误订正;

(5)表格送报。

第一节 工程测量记录(C 类)填报实训指导任务书

【实训项目名称】

工程测量记录(C 类)填报。

【适用专业】

建筑工程管理、工程造价及其他相关专业。

【实训目标】

能熟练进行建筑工程工程测量记录(C 类)的编目、整理、立卷、归档与移交工作。

1. 知识目标

能准确说出工程测量记录(C 类)的分类;

能够说出工程测量记录(C 类)常规表格填写的一般要求;

能熟练陈述工程测量记录(C 类)的运作程序。

2. 能力目标

能识别工程测量记录(C 类);

能够熟练掌握工程测量记录(C 类)的表式;

能深入理解工程测量记录(C 类)的质量要求;

熟练掌握工程测量记录(C 类)的填表方法。

【实训任务及要求】

(1)完成工程定位测量记录的编制与归档;

(2)完成地基验槽记录的编制与归档;

(3)完成楼层放线记录的编制与归档;

(4)完成楼层标高抄测记录的编制与归档;

(5)完成建筑物垂直度、标高测量记录等资料表格的规范填写与归档。

【实训组织】

(1)学生分组,分别代表建设单位、监理单位、施工单位进行角色扮演,模拟工程进度节点及各类通常容易发生的事件,结合工程实践进行资料上报、审批、汇总;

(2)老师提示、点评、修改、总结。

【实训步骤】

(1)图表准备;

(2)事件准备;

(3)填写表格;

(4)错误订正;

(5)表格送报。

表 C1　　　　　　　　　　　　　　　**工程定位测量记录**

编号：

工程名称		测量单位	
图纸编号		施测日期	年　月　日
坐标依据		复测日期	年　月　日
高程依据		使用仪器	
闭合差		仪器检定时间	
相对标高		绝对标高	

定位抄测示意图：

抄测结果：

参加人员签字	施工单位		项目技术负责人	质检员	施测人
	监理（建设）单位		专业监理工程师（建设单位项目专业技术负责人）		

注：本表由测量单位提供，建设单位、施工单位、城建档案馆各保存一份。

工程定位
测量记录
案例

表 C2   地基验槽记录

编号：

工程名称						日期		年 月 日	
轴线部位	平面位置					槽底标高/ m	槽底土质 类别	边坡坡度	积水状况
	槽底长度/ mm	槽底宽度/ mm	中心轴线偏移						
			偏差值/ mm	方位					

简图或说明（可另加附图）：

存在问题及处理结果		验槽结论	

参加单位 签字盖 （公章）：	建设单位：	勘察单位：	设计单位：	监理单位：	施工单位：

注：本表由施工单位填写，建设单位、监理单位、施工单位、城建档案馆各保存一份。

表 C3 桩位测量放线检查记录

编号：

工程名称		检查时间	年 月 日
测量内容		测量部位	

测量依据：

放线示意图（加桩位附图）：

桩基施工单位复检结论：

桩基施工单位复检人： 复检日期： 年 月 日

签字栏	桩基施工单位		项目技术负责人	质检员
	监理（建设）单位		专业监理工程师 （建设单位项目专业技术负责人）	

注：本表由施工单位填写，建设单位、施工单位、城建档案馆各保存一份。

表 C4   楼层放线记录

编号：

工程名称			日期	年　月　日
放线部位				

放线依据：

放线简图：

检查结论：　　　　　　　　　　　　　　　同意　　　　　　　重新放样

具体意见：

参加人员签字	施工单位		项目技术负责人	质检员	放线人
	监理（建设）单位		专业监理工程师 （建设单位项目专业技术负责人）		

注：本表由施工单位填写，建设单位、施工单位、城建档案馆各保存一份。

表 C5 　　　　　　　　　　　　　　　**楼层标高抄测记录**

编号：

工程名称			日期	年 月 日
抄测部位			抄测内容	

抄测依据：

抄测说明及简图：

检查意见：　　　　　　　　　同意　　　　　重新抄测

具体意见：

参加人员签字	施工单位		项目技术负责人	质检员	放线人
	监理（建设）单位		专业监理工程师（建设单位项目专业技术负责人）		

注：本表由施工单位填写，建设单位、施工单位、城建档案馆各保存一份。

表 C7   **建筑物垂直度、标高测量记录**

编号：

建筑物垂直度、
标高测量记录
案例

工程名称				
施工阶段		观测日期		年 月 日

观测说明(附观测示意图)：

垂直度测量(全高)			标高测量(全高)		
观测部位	标准值/mm	实测偏差/mm	观测部位	标准值/mm	实测偏差/mm

结论：

参加人员签字	施工单位		项目技术负责人	质检员	施测人
	监理(建设)单位		专业监理工程师 (建设单位项目专业技术负责人)		

注：本表由施工单位填写,建设单位、监理单位、施工单位、城建档案馆各保存一份。

第二节　工程施工记录(D、E 类)填报实训指导任务书

【实训项目名称】

工程施工记录(D、E 类)填报。

【适用专业】

建筑工程管理、工程造价及其他相关专业。

【实训目标】

能熟练进行建筑工程工程施工记录(D、E 类)的编目、整理、立卷、归档与移交工作。

1. 知识目标

能准确说出工程施工记录(D、E 类)的分类；

能够说出工程施工记录(D、E 类)常规表格填写的一般要求；

能熟练陈述工程施工记录(D、E 类)的运作程序。

2. 能力目标

能识别工程施工记录(D、E 类)；

能够熟练掌握工程施工记录(D、E 类)的表式；

能深入理解工程施工记录(D、E 类)的质量要求；

熟练掌握工程施工记录(D、E 类)的填表方法。

【实训任务及要求】

(1)完成隐蔽工程检查记录的编制与归档；

(2)完成中间检查交接记录的编制与归档；

(3)完成建筑烟(风)道检查记录的编制与归档；

(4)完成混凝土施工记录的编制与归档；

(5)完成混凝土试块强度统计、评定记录等资料表格的规范填写与归档。

【实训组织】

(1)学生分组,分别代表建设单位、监理单位、施工单位进行角色扮演,模拟工程进度节点及各类通常容易发生的事件,结合工程实践进行资料上报、审批、汇总；

(2)老师提示、点评、修改、总结。

【实训步骤】

(1)图表准备；

(2)事件准备；

(3)填写表格；

(4)错误订正；

(5)表格送报。

表 D1-1-1　　　　　　　　　　　　　隐蔽工程检查记录

编号：

隐蔽工程
检查记录
案例

工程名称		隐蔽日期	年　月　日
分部(子分部 工程名称		隐蔽项目	
隐蔽部位			

依据：
施工图纸(施工图纸编号＿＿＿＿＿＿＿＿＿)、设计变更/洽商(编号＿＿＿＿＿＿＿＿＿)
和有关规定、规程。
材质：
主要材料＿＿＿＿＿＿＿＿＿＿＿
规格/型号＿＿＿＿＿＿＿＿＿＿＿
隐蔽内容：

特殊工艺：

审核意见：

同意隐蔽　　　　　　　　修改后自行隐蔽　　　　　　　不同意,修改后重新报验

质量问题：

参加人员 签字	施工单位		项目技术负责人	质检员	施工员
	监理(建设)单位		专业监理工程师 (建设单位项目专业技术负责人)		

注：本表由施工单位填报,建设单位、施工单位、城建档案馆各保存一份。对于有关结构安全和功能的钢筋、防水、
　　保温等隐蔽工程检查,需要有现场隐蔽验收的施工图片作为隐蔽工程检查记录的附表,附表编号同隐蔽检查
　　记录。

表 D1-2 　　　　　　　　　　　　　　预检工程检查记录

预检工程
检查记录
案例

编号：

工程名称		检查日期	年　月　日
分部工程		分项工程	
预检部位			

预检内容：

依据：
　　施工图纸（施工图纸编号＿＿＿＿＿＿＿＿＿＿＿）、设计变更/洽商（编号＿＿＿＿＿＿＿＿＿＿＿）
和有关规范、规程。

材质：
主要材料和设备＿＿＿＿＿＿＿＿＿＿＿＿＿
规格/型号＿＿＿＿＿＿＿＿＿＿＿＿＿＿＿＿

特殊工艺：

检查意见：

　　　　　　　　　　　　　合格　　　　　　　　　　不合格

质量问题：

施工单位					
项目技术负责人		质检员		施工员	

注：本表由施工单位填报，建设单位、施工单位各保存一份。

表 D1-3

施工记录(通用)

编号：

工程名称			日期	年　月　日
施工内容：				
施工依据与材料：				
审核意见：				
质量问题：				

参加人员签字	施工单位		项目技术负责人	质检员	施工员
	监理(建设)单位		专业监理工程师 (建设单位项目专业技术负责人)		

注：本表由施工单位填报，建设单位、施工单位、城建档案馆各保存一份。

表 D1-4 　　　　　　　　　　　　　　中间检查交接记录

编号：

工程名称				
交接部位		交验日期	年　月　日	
移交单位名称		接收单位名称		

交接内容：

检查结果：

复查意见：

　　　　　　　　　　　　　　　　　　　　　　复查人：　　　　　　　　　复查日期：　年　月　日

见证单位意见：

见证单位名称：

签字栏	移交单位（人）	接收单位（人）	见证单位（人）

注：本表由移交单位填写，建设单位、施工单位、城建档案馆各保存一份。见证单位可以是总包、监理、物业等单位。

表 D2-1 地基处理记录

编号：

工程名称		施工单位	

处理部位(或简图)：

处理方式：

处理前状态：(原土标高、处理深度等)

处理过程简述：

记录日期： 年 月 日

处理结果：

参加单位签字（公章）	建设单位：	勘察单位：	设计单位：	监理单位：	施工单位：

注：本表由施工单位填写，建设单位、施工单位、城建档案馆各保存一份。

表 D2-6　　　　　　　　　　　　　　混凝土施工记录

编号：

工程名称					施工单位			
混凝土供应商					混凝土开盘鉴定编号			
浇筑部位及结构名称					混凝土数量/m³			
水泥品种及标号					当班完成量/m³			
混凝土强度等级					捣固方法			
拌和方法					开始时间		年 月 日	
					结束时间		年 月 日	
养护情况		气温	℃		拆模日期		年 月 日	

混凝土配合比(混凝土配合比设计报告单编号)							
材料	水泥	砂	石	水	外加剂名称及数量		外掺混合材料名称及用料
每盘数量							
每立方米数量							

试块数量、编号及实验结果										
试块		留置组数		试压结果/MPa						
试压报告编号										
龄期/d										
同条件养护(拆模)										
同条件养护(结构实体检验)										
标准养护										

备注：

项目技术负责人	试验员	施工员

注：本表由施工单位填写，建设单位、施工单位、城建档案馆各保存一份。

表 D2-15　　　　　　　　　　　　　　**建筑烟(风)道检查记录**

编号：

工程名称						
施工部位				检查日期		年　月　日
检查部位及检查结果						
检查部位	主烟(风)道		副烟(风)道		检查人	复检人
	烟道	风道	烟道	风道		
项目技术负责人		质检员			记录人	

注：本表由施工单位填写,建设单位、施工单位、城建档案馆各保存一份。

表 D2-16 混凝土拆模申请表

编号：

工程名称				
申请拆模部位				
混凝土强度等级		混凝土浇筑完成时间		申请拆模日期
构件类型 （注：在所选择构件类型的□内打"√"）				
墙	柱	板： □跨度≤2m □2m＜跨度≤8m □跨度＞8m	梁、拱、壳： □跨度≤8m □跨度＞8m	悬臂结构
拆模时混凝土强度要求		龄期/d	同条件混凝土抗压强度/MPa	达到设计强度等级/%	强度报告编号
应达到设计强度的_____% （或_____ MPa）				

审批意见：

批准拆模日期：   年 月 日

施工单位			
项目技术负责人	质检员		申请人

注：1.本表由施工单位填写,建设单位、施工单位、城建档案馆各保存一份。
    2.对于拆模时混凝土强度,当设计有要求时,应按设计要求;当设计无要求时,应按现行规范要求。
    3.若结构形式复杂(结构跨度变化较大)或平面不规则,应附拆模平面示意图。

表 D2-5 构件吊装记录

编号：

工程名称							
使用部位				吊装日期		年　月　日	
序号	构件名称及编号	安装位置	安装检查				备注
			搁置与搭接尺寸	接头（点）处理	固定方法	标高检查	

结论：

施工单位	
项目技术负责人	质检员	记录人

注：本表由施工单位填写，建设单位、施工单位、城建档案馆各保存一份。

表 E1   施工试验记录(通用)

编号：

工程名称		试验日期	年　月　日
试验部位		规格、材质	

试验要求：

试验情况记录：

试验结论：

施工单位	

项目技术负责人		质检员		施工员	

注：本表由施工单位填写，建设单位、施工单位、城建档案馆各保存一份。

E2-1　　　　　　　　　　混凝土试块强度统计、评定记录

编号：

混凝土试块
强度统计、
评定记录
案例

工程名称		强度等级	
填报单位		养护方法	
统计评定期	年　月　日至　　年　月　日	结构部位	

试块组数 n	强度标准值 $f_{cu,k}$/MPa	平均值 m_{fcu}/MPa	标准差 S_{fcu}/MPa	最小值 $f_{cu,min}$/MPa	合格判定系数			
					λ_1	λ_2	λ_3	λ_4

每组强度值/MPa								

评定界限	□统计方法			□非统计方法	
	m_{fcu}	$f_{cu,k}+\lambda_1 \cdot S_{fcu}$	$\lambda_2 \cdot f_{cu,k}$	$\lambda_3 \cdot f_{cu,k}$	$\lambda_4 \cdot f_{cu,k}$

判定式	$m_{fcu} \geqslant f_{cu,k}+\lambda_1 \cdot S_{fcu}$	$f_{cu,min} \geqslant \lambda_2 \cdot f_{cu,k}$	$m_{fcu} \geqslant \lambda_3 \cdot f_{cu,k}$	$f_{cu,min} \geqslant \lambda_4 \cdot f_{cu,k}$
结果				

结论：

项目技术负责人	审核	计算	制表

报告日期	年　　　月　　　日

注：本表由施工单位填写，建设单位、施工单位、城建档案馆各保存一份。

表 E2-2　　　　　　　　　　　砌筑砂浆试块强度统计、评定记录

砌筑砂浆
试块强度统计、
评定记录
案例

编号：

工程名称				强度等级		
填报单位				养护方法		
统计评定期	年　月　日至　年　月　日			结构部位		
试块组数 n	强度标准值 f_2/MPa	平均值 $f_{2,m}$/MPa	最小值 $f_{2,min}$/MPa	$1.1f_2$	$0.85f_2$	

每组强度值/MPa								

评定标准	1～2 组　　　　　　　　 $f_{2,m} \geqslant 1.1f_2$, $f_{2,min} \geqslant 1.1f_2$ 3 组及 3 组以上　　　　 $f_{2,m} \geqslant 1.1f_2$, $f_{2,min} \geqslant 0.85f_2$
结果	1～2 组　　 $f_{2,m}$ □ $1.1f_2$　　 $f_{2,min}$ □ $1.1f_2$ 3 组及 3 组以上　 $f_{2,m}$ □ $1.1f_2$　　 $f_{2,min}$ □ $0.85f_2$

结论：

项目技术负责人	审核	计算	制表
报告日期		年　月　日	

注：本表由施工单位填写，建设单位、施工单位、城建档案馆各保存一份。

表 E2-3 　　　　　　　　　　　　　**防水工程试水检查记录**

编号：

工程名称		试水部位	
试水日期		验收日期	
试水方法	□淋水　　　　□蓄水　　　　□雨期观察　　　　□其他		

试水过程描述及现场试水图片：

检查结果：

参与人员签字	施工单位		项目技术负责人	质检员	施工员
	监理（建设）单位		专业监理工程师 （建设单位项目专业技术负责人）		

注：本表由施工单位填写，建设单位、施工单位、城建档案馆各保存一份。

表 E2-4　　　　　　　　　　　　地下工程防水效果检查记录　　　　　编号：

工程名称		防水形式	
检查部位		检查日期	年　月　日

检查方法及内容：

检查结果：

监理意见：

参与人员签字	施工单位		项目技术负责人	质检员	施工员
	监理（建设）单位		专业监理工程师 （建设单位项目专业技术负责人）		

注：本表由施工单位填写，建设单位、施工单位、监理单位各保存一份。

表 E4-5　　　　　　　　　　　　**管道吹(冲)洗(脱脂)试验记录**

编号：

工程名称					试验项目		
试验部位		材质		规格		试验日期	年 月 日
依据标准及要求							
过程情况简述							
试验记录	介质				冲洗情况		
试验结论							
参与人员签字	施工单位			项目技术负责人	质检员		施工员
	监理(建设)单位			专业监理工程师 (建设单位项目专业技术负责人)			

第三节 工程物资资料(F类)填报实训指导任务书

【实训项目名称】

工程物资资料(F类)填报。

【适用专业】

建筑工程管理、工程造价及其他相关专业。

【实训目标】

能熟练进行建筑工程工程物资资料(F类)的编目、整理、立卷、归档与移交工作。

1. 知识目标

能准确说出工程物资资料(F类)的分类；

能够说出工程物资资料(F类)常规表格填写的一般要求；

能熟练陈述工程物资资料(F类)的运作程序。

2. 能力目标

能识别工程物资资料(F类)；

能够熟练掌握工程物资资料(F类)的表式；

能深入理解工程物资资料(F类)的质量要求；

熟练掌握工程物资资料(F类)的填表方法。

【实训任务及要求】

(1)完成钢材出厂合格证、试验报告核查要录的编制与归档；

(2)完成水泥合格证、试验报告核查要录的编制与归档；

(3)完成砖石(砌块)合格证、试验报告核查要录的编制与归档；

(4)完成合格证、检验报告粘贴单的编制与归档；

(5)完成混凝土、砂浆试件抗压强度试验报告核查要录等资料表格的规范填写与归档。

【实训组织】

(1)学生分组,分别代表建设单位、监理单位、施工单位进行角色扮演,模拟工程进度节点及各类通常容易发生的事件,结合工程实践进行资料上报、审批、汇总；

(2)老师提示、点评、修改、总结。

【实训步骤】

(1)图表准备；

(2)事件准备；

(3)填写表格；

(4)错误订正；

(5)表格送报。

表 F1-1　　　　　　　　　　**钢材出厂合格证、试验报告核查要录**

共　页　第　页

钢材出厂
合格证、
试验报告核查
要录案例

序号	合格证			试验报告						使用部位
	炉批号	生产厂名	品种及规格	报告编号	试验单位	试验日期	试验结果	代表批量		

共计:合格证　　　　份;试验报告　　　　份

检查意见	施工单位	项目技术负责人: 年　月　日
	监理(建设)单位	总监理工程师: (建设单位项目技术负责人) 年　月　日

注:本表由施工单位填写,建设单位、监理单位、施工单位、城建档案馆各保存一份。

建筑钢筋力学性能检验报告

检验编号		委托编号			第　页/共　页	
工程名称						
委托单位						
见证单位				见证人		
使用部位				表面形状		
样品名称		钢筋牌号		公称直径		
样品描述		样品来源		代表批量/t		
生产厂家		出厂编号		收样日期		
检验设备		检验性质		检验日期		
检验依据		检验环境温度/℃		签发日期		

检验结果							
拉伸试验				弯曲试验			称重试验
标准要求	直径/mm	屈服强度/MPa	抗拉强度/MPa	延伸率/%	弯芯直径/mm		重量偏差
					弯曲角度/(°)	180	
试件编号					试件编号	弯曲结论	
1					3		
2					4		

检验结论	

备注		检验单位	（检验报告专用章）

批准		校核		检验	

表 F2　　　　　　　　　　　　　　　　**水泥合格证、试验报告核查要录**

共　页　第　页

水泥合格证、
试验报告
核查要录
案例

序号	合格证					试验报告			使用部位
	出厂批号	出厂厂名	出厂日期	品种规格	批量	报告编号	试验单位	试验结论	
	共计:合格证　　　　份;试验报告　　　　份								

检查意见	施工单位	项目技术负责人: 年　月　日
	监理(建设)单位	总监理工程师: (建设单位项目技术负责人) 年　月　日

注:本表由施工单位填写,建设单位、监理单位、施工单位、城建档案馆各保存一份。

水泥物理力学性能检验报告

检验编号		委托编号		第　页/共　页		
工程名称						
委托单位						
见证单位						
使用部位				见证人		
样品名称		强度等级（标号）		收样日期		
样品描述		样品来源		成型日期		
生产厂家		出厂编号		签发日期		
检验设备		检验性质		检验环境温度/℃		
检验依据		代表批量/t		检验环境湿度/%		

序号	检验项目		计量单位	标准值		检验结果
1	细度	筛余百分数	%	/	/	/
		比表面积	m²/kg	>		
2	凝结时间	初凝	min	≥		
		终凝	min	≤		
3	安定性	雷氏法	mm	≤		
		饼法	/			/
4	胶砂流动度		mm			

龄期	标准值/MPa	单块试件抗折强度值/MPa	抗折强度平均值/MPa
d			
28d			

龄期	标准值/MPa	单块试件抗压强度值/MPa	抗压强度平均值/MPa
d			
28d			

检验结论				
备注		检验单位	（检验报告专用章）	
批准		校核	检验	

注：本表由检测机构提供，建设单位、施工单位、城建档案馆各保存一份。

粉煤灰砖(其他墙体砖)强度检验报告

砖石(砌块)
出厂合格证、
试验报告
核查要录
案例

检验编号			委托编号			第 页/共 页	
工程名称							
委托单位							
见证单位							
使用部位					见证人		
样品名称		强度等级			品种规格		
样品来源		样品描述			代表批量/万块		
生产厂家		出厂编号			收样日期		
检验设备		检验性质			检验日期		
检验依据		检验环境温度/℃			签发日期		

检验结果				
检验项目		计量单位	标准值	检验结果
抗压强度	强度平均值	MPa	/	
	单块最小值	MPa	/	
抗折强度	强度平均值	MPa	/	
	单块最小值	MPa	/	
检验结论				
备注			检验单位	(检验报告专用章)
批准		校核		检验

表 F6　　　　　　　　　　　　　　　　**合格证、检验报告粘贴单**

工程名称	

粘贴页

注：本表由施工单位填写，建设单位、施工单位、城建档案馆各保存一份。

表 F7　　混凝土、砂浆试件抗压强度试验报告核查要录

共　页　第　页

混凝土、砂浆试件
抗压强度试验
报告核查要录
案例

工程名称：					试验单位：			
序号	结构部位	成型日期	报告编号	设计强度等级	试件龄期	检验结果	验收批组成及评定情况	
共计　　　份								

检查意见	施工单位	项目技术负责人： 年　月　日
	监理（建设）单位	总监理工程师： （建设单位项目技术负责人） 年　月　日

注：本表由施工单位填写，建设单位、监理单位、施工单位、城建档案馆各保存一份。

混凝土立方体抗压强度检验报告

检验编号		委托编号		第　页/共　页		
工程名称						
委托单位						
见证单位						
使用部位				见证人		
样品名称	混凝土立方体	设计强度等级		试件尺寸/mm		
样品来源		检验性质		代表批量		
养护方式		龄期/d		成型日期		
样品描述				收样日期		
检验设备		检验环境温度/℃		检验日期		
检验依据				签发日期		
检验结果						
试件编号	实测试件尺寸/（mm×mm）	单块抗压强度/MPa	检验结果			
1						
2						
3						
备注			检验单位	（检验报告专用章）		
批准		校核		检验		

注:本表由检测机构提供,建设单位、施工单位、城建档案馆各保存一份。

砂浆立方体抗压强度检验报告

检验编号		委托编号		第 页/共 页		
工程名称						
委托单位						
见证单位						
使用部位				见证人		
样品名称	砂浆立方体试块	设计强度等级		试件尺寸		年 月 日
样品来源		检验性质		代表批量		
养护方式		龄期/d		成型日期		年 月 日
样品描述				收样日期		年 月 日
检验设备		检验环境温度/℃		检验日期		年 月 日
检验依据				签发日期		年 月 日

检验结果

试件编号	实测试件尺寸/ （mm×mm）	单块抗压强度/ MPa	检验结果
1			
2			
3			
备注		检验单位	（检验报告专用章）

批准		校核		检验	

注：本表由检测机构提供，建设单位、施工单位、城建档案馆各保存一份。

第三章　施工质量验收资料

第一节　施工质量验收资料（G 类）填报实训指导任务书

【实训项目名称】

　　施工质量验收资料(G 类)填报。

【适用专业】

　　建筑工程管理、工程造价及其他相关专业。

【实训目标】

　　能熟练进行施工质量验收资料(G 类)的编目、整理、立卷、归档与移交工作。

　　1. 知识目标

　　能准确说出施工质量验收资料(G 类)的分类;

　　能够说出施工质量验收资料(G 类)常规表格填写的一般要求;

　　能熟练陈述施工质量验收资料(G 类)的运作程序。

　　2. 能力目标

　　能识别施工质量验收资料(G 类);

　　能够熟练掌握施工质量验收资料(G 类)的表式;

　　能深入理解施工质量验收资料(G 类)的质量要求;

　　熟练掌握施工质量验收资料(G 类)的填表方法。

【实训任务及要求】

　　(1)完成工程检验批质量检查记录等资料的编制与归档;

　　(2)完成地基与基础分部工程资料的编制与归档;

　　(3)完成主体结构分部工程资料的编制与归档;

　　(4)完成建筑装饰装修分部工程资料的编制与归档。

【实训组织】

　　(1)学生分组,分别代表建设单位、监理单位、施工单位进行角色扮演,模拟工程进度节点及各类通常容易发生的事件,结合工程实践进行资料上报、审批、汇总;

　　(2)老师提示、点评、修改、总结。

【实训步骤】

　　(1)图表准备;

　　(2)事件准备;

　　(3)填写表格;

　　(4)错误订正;

　　(5)表格送报。

表 G1 　　　　　　　　　　　　　　　**工程检验批质量验收记录**

单位(子单位) 工程名称						
分部(子分部) 工程名称			分项工程名称			
施工单位		项目负责人		检验批容量		
分包单位		分包单位项目 负责人		检验批部位		
施工依据			验收依据			

验收项目		设计要求及 规范规定	最小/实际 抽样数量	检查记录	检查结果
主控 项目	1		/		
	2		/		
	3		/		
	4		/		
	5		/		
	6		/		
	7		/		
	8		/		
一般 项目	1		/		
	2		/		
	3		/		
	4		/		
	5		/		
	6		/		
	7		/		
	8		/		
	9		/		
	10		/		
	11		/		
	12		/		
施工单位 检查结果	施工员： 质检员：　　　　　　　　　　　　　　　　　　年　月　日				
监理(建设)单位 验收结论	专业监理工程师： (建设单位项目专业技术负责人)　　　　　　　　　年　月　日				

表 G3　　　　　　　　　　　　　　　分项工程质量验收记录

分项工程
质量验收
记录案例

编号：

单位(子单位)工程名称		分部(子分部)工程名称		
分项工程数量		检验批数量		
施工单位		项目负责人		项目技术负责人
分包单位		分包单位项目负责人		分包内容

序号	检验批名称	检验批容量	部位/区段	施工单位检查结果	监理(建设)单位验收结论
1					
2					
3					
4					
5					
6					
7					
8					
9					
10					
11					
12					
13					
14					
15					

说明：

施工单位检查结果	项目专业负责人： 年　月　日
监理(建设)单位验收结论	专业监理工程师： (建设单位项目负责人) 年　月　日

表 G4-1　　　　　　_____分部(子分部)工程质量验收记录

编号：

单位(子单位)工程名称		子分部工程数量		分项工程数量	
施工单位		项目负责人		技术(质量)负责人	
分包单位		分包单位负责人		分包内容	

序号	子分部工程名称	分项工程名称	检验批数量	施工单位检查结果	监理(建设)单位验收结论
1					
2					
3					
4					
5					
6					
7					
8					
质量控制资料					
安全和功能检验结果					
观感质量检验结果					
验收结论					

施工单位项目负责人：	勘察单位项目负责人：	设计单位项目负责人：	监理(建设)单位总监理工程师：(建设单位项目负责人)
年　月　日	年　月　日	年　月　日	年　月　日

注:1.地基与基础分部工程的验收应由施工、勘察、设计单位项目负责人和总监理工程师参加并签字。
　　2.主体结构、节能分部工程的验收应由施工、设计单位项目负责人和总监理工程师参加并签字。

分部(子分部)
工程质量验收
记录案例

表 G4-2　　　　　　　　　　　**分部(子分部)工程质量控制资料检查记录**

编号：

工程名称		施工单位					
序号	资料名称	份数	施工单位			监理单位	
			核查意见	核查人		核查意见	核查人

结论：

施工单位项目负责人：　　　　　　　　　　　　　　总监理工程师：
　　　　　　　　　　　　　　　　　　　　　　　　（建设单位项目负责人）

　　　　　　　　　　　　年　月　日　　　　　　　　　　　　年　月　日

表 G4-3　　　　　　　　**分部(子分部)工程安全和功能检验资料核查及主要功能抽查记录**

编号：

分部(子分部)工程名称		施工单位			
序号	安全和功能检查项目	份数	核查意见	核查结果	核查(抽查人)

结论：

施工单位项目负责人：　　　　　　　　　　　　　　　总监理工程师：
　　　　　　　　　　　　　　　　　　　　　　　　（建设单位项目负责人）

　　　　　　　　　　年　月　日　　　　　　　　　　　　　　　　年　月　日

注：本表用于地基与基础、主体结构、建筑节能和设备安装等分部工程的检查，抽查项目由验收组协商确定。

表 G4-4 　　　　　　　　　　　　分部(子分部)工程观感质量检查记录

编号：

分部(子分部)工程名称		施工单位	

序号	项目	抽查质量状况	质量评价
		共查　　点,好　　点,一般　　点,差　　点	
		共查　　点,好　　点,一般　　点,差　　点	
		共查　　点,好　　点,一般　　点,差　　点	
		共查　　点,好　　点,一般　　点,差　　点	
		共查　　点,好　　点,一般　　点,差　　点	
		共查　　点,好　　点,一般　　点,差　　点	
		共查　　点,好　　点,一般　　点,差　　点	
		共查　　点,好　　点,一般　　点,差　　点	
		共查　　点,好　　点,一般　　点,差　　点	
		共查　　点,好　　点,一般　　点,差　　点	
		共查　　点,好　　点,一般　　点,差　　点	
		共查　　点,好　　点,一般　　点,差　　点	
		共查　　点,好　　点,一般　　点,差　　点	
		共查　　点,好　　点,一般　　点,差　　点	
		共查　　点,好　　点,一般　　点,差　　点	
		共查　　点,好　　点,一般　　点,差　　点	
		共查　　点,好　　点,一般　　点,差　　点	
		共查　　点,好　　点,一般　　点,差　　点	
		共查　　点,好　　点,一般　　点,差　　点	

观感质量综合评价	

检查结论	施工单位项目负责人：　　　　　　　　　　　　　　　　　　　总监理工程师： 　　　　　　　　　　　　　　　　　　　　　　　　　　　　　（建设单位项目负责人） 　　　　　　　　　年　月　日　　　　　　　　　　　　　　　　　年　月　日

注：质量评价为差的项目,应进行整改。

表 G5 　　　　　　　　　　**单位(子单位)工程竣工预验收记录**

编号：

单位(子单位)
工程质量
竣工验收
记录案例

工程名称：

致_____监理单位：

我方已按施工合同要求完成_____工程,经自检合格,现将有关资料报上,请予以检查和验收。

附件:1.单位工程竣工验收记录;

　　　2.单位工程质量控制资料核查记录;

　　　3.单位工程安全和功能性检验资料核查及主要功能抽查记录;

　　　4.单位工程观感质量检查记录。

项目经理：

施工单位(公章)

年　月　日

本工程经监理单位组织预验收合格/不合格,同意/不同意组织正式竣工验收。

总监理工程师：

监理单位(公章)

年　月　日

注:本表一式三份,施工单位、监理单位、建设单位各一份。

表 G6 　　　　　　　　　　　　　　　单位(子单位)工程质量竣工验收记录

工程名称		结构类型		层数/建筑面积	
施工单位		技术负责人		开工日期	
项目负责人		项目技术负责人		完工日期	

序号	项目	验收记录	验收结论
1	分部工程验收	共____分部,经查符合设计及标准规定____分部	
2	质量控制资料核查	共____项,经核查符合规定____项	
3	安全和使用功能核查及抽查结果	共核查____项,符合规定____项;共抽查____项,符合规定____项,经返工处理符合规定____项	
4	观感质量验收	共抽查____项,达到"好"和"一般"的____项,经返修处理符合要求的____项	
综合验收结论			

参与验收单位	建设单位	监理单位	施工单位	设计单位	勘察单位
	(公章)	(公章)	(公章)	(公章)	(公章)
	项目负责人: 年 月 日	总监理工程师: 年 月 日	项目负责人: 年 月 日	项目负责人: 年 月 日	项目负责人: 年 月 日

注:单位工程验收时,验收签字人员应由相应单位法人代表书面授权。

表 G7 单位(子单位)工程质量控制资料核查记录

编号:

单位(子单位)工程名称				施工单位		

序号	项目	资料名称	份数	施工单位		监理单位	
				核查意见	核查人	核查意见	核查人
1	建筑与结构	图纸会审、设计变更、洽商记录、竣工图					
2		工程定位测量、放线记录					
3		原材料出厂合格证书及进场检(试)验报告					
4		施工试验报告及见证检测报告					
5		隐蔽工程验收记录					
6		施工记录					
7		预制构件、预拌混凝土合格证					
8		地基基础、主体结构检验及抽样检测资料					
9		分项、分部工程质量验收记录					
10		工程质量事故调查处理资料					
11		新技术论证、备案及施工记录					
12							
1	给排水与供暖	图纸会审、设计变更、洽商记录、竣工图					
2		原材料出厂合格证书及进场检(试)验报告					
3		管道、设备强度试验、严密性试验记录					
4		隐蔽工程验收记录					
5		系统清洗、灌水、通水、通球试验记录					
6		施工记录					
7		分项、分部工程质量验收记录					
8		新技术论证、备案及施工记录					

单位（子单位）工程名称				施工单位			

序号	项目	资料名称	份数	施工单位		监理单位	
				核查意见	核查人	核查意见	核查人
1	通风与空调	图纸会审、设计变更、洽商记录、竣工图					
2		原材料出厂合格证书及进场检（试）验报告					
3		制冷、空调、水管道强度试验、严密性试验记录					
4		隐蔽工程验收记录					
5		制冷设备运行调试记录					
6		通风、空调系统调试记录					
7		施工记录					
8		分项、分部工程质量验收记录					
9		新技术论证、备案及施工记录					
1	建筑电气	图纸会审、设计变更、洽商记录、竣工图					
2		原材料出厂合格证书及进场检（试）验报告					
3		设备调试记录					
4		接地、绝缘电阻测试记录					
5		隐蔽工程验收记录					
6		施工记录					
7		分项、分部工程质量验收记录					
8		新技术论证、备案及施工记录					
1	智能建筑	图纸会审、设计变更、洽商记录、竣工图及设计说明					
2		原材料出厂合格证书及进场检（试）验报告					
3		隐蔽工程验收记录					
4		施工记录					
5		系统功能测定及设备调试记录					
6		系统技术、操作和维护手册					
7		系统管理、操作人员培训记录					
8		系统检测报告					
9		分项、分部工程质量验收记录					
10		新技术论证、备案及施工记录					

续表

单位(子单位)工程名称				施工单位				

序号	项目	资料名称	份数	施工单位		监理单位	
				核查意见	核查人	核查意见	核查人
1	建筑节能	图纸会审记录、设计变更和洽商记录、竣工图					
2		原材料出厂合格证书及进场检(试)验报告					
3		隐蔽工程验收记录和相关图像资料					
4		施工试验报告及见证检测报告					
5		施工方案、产品说明书					
6		施工记录					
7		分项、分部工程质量验收记录					
8		现场组装的组合式空调机组的漏风量测试记录					
9		设备单机试运转和调试记录					
10		系统联合试运转及调试记录					
11		外墙节能构造现场实体检测报告					
12		外窗气密性现场实体检测报告					
13		系统节能性能检验报告					
14		新技术论证、备案及施工记录					
1	电梯	土建布置图纸会审、设计变更、洽商记录、竣工图					
2		设备出厂合格证书及开箱检验记录					
3		隐蔽工程验收记录					
4		施工记录					
5		接地、绝缘电阻测试记录					
6		负荷试验、安全装置检查记录					
7		分项、分部工程质量验收记录					
8		新技术论证、备案及施工记录					

结论:

施工单位项目负责人:

年 月 日

总监理工程师:
(建设单位项目负责人)

年 月 日

表 G8 　　　　　　　　　　**单位(子单位)工程安全和功能检验资料核查及**
主要功能抽查记录

编号：

单位(子单位)工程名称				施工单位			
序号	项目	安全和功能检查项目	份数	核查意见	核查结果		核查人（抽查人）
1	建筑与结构	地基承载力检验报告					
2		桩基承载力检验报告					
3		混凝土强度试验报告					
4		砂浆强度试验报告					
5		建筑物垂直度、标高、全高测量记录					
6		屋面淋水、蓄水试验记录					
7		地下室防水效果检查记录					
8		有防水要求的地面蓄水试验记录					
9		抽气(风)道检查记录					
10		幕墙及外窗气密性、水密性、耐风压检测报告					
11		建筑物沉降观测测量记录					
12		节能、保温测试记录					
13		室内环境检测报告					
14		土壤氧气浓度检测报告					
15							
1	给排水与供暖	给排水管道通水试验记录					
2		暖气管道、散热器压力试验记录					
3		卫生器具满水试验记录					
4		消防管道、燃气管道压力试验记录					
5		排水干管通球试验记录					
6		锅炉试运行、安全阀及报警联动测试记录					
1	通风与空调	通风、空调系统试运行记录					
2		风量、温度测试记录					
3		空气能量回收装置测试记录					
4		洁净室洁净度测试记录					
5		制冷机组试运行调试记录					
1	建筑电气	建筑照明通电试运行记录					
2		大型照明灯具吊环承载力试验记录					
3		绝缘电阻测试记录					
4		剩余电流动作保护器测试记录					
5		应急电源装置应急持续供电记录					
6		接地电阻测试记录					
7		接地故障回路阻抗测试记录					

续表

单位(子单位)工程名称				施工单位			
序号	项目		安全和功能检查项目	份数	核查意见	核查结果	核查人（抽查人）
1	智能建筑		系统试运行记录				
2			系统电源及接地检测报告				
3			系统接地检测报告				
1	建筑节能		黏结强度和锚固力核查试验报告				
2			幕墙及外窗气密性检测报告				
3			冷凝水收集及排放系统通水试验记录				
4			活动遮阳设施调节试验记录				
5			遮阳设施牢固程度测试记录				
6			天窗淋水试验记录				
7			系统试运行记录				
8							
1	电梯		电梯运行记录				
2			电梯安全装置检测报告				
3							

结论：

施工单位项目负责人：

总监理工程师：
（建设单位项目负责人）

年　月　日

年　月　日

注：抽查项目由验收组协商确定。

表 G9 单位(子单位)工程观感质量检查记录

工程名称			施工单位		
序号		项目	抽查质量状况		质量评价
1	建筑与结构	主体结构外观	共查 点,好 点,一般 点,差 点		
2		室外墙面	共查 点,好 点,一般 点,差 点		
3		变形缝、雨水管	共查 点,好 点,一般 点,差 点		
4		屋面	共查 点,好 点,一般 点,差 点		
5		室内墙面	共查 点,好 点,一般 点,差 点		
6		室内顶棚	共查 点,好 点,一般 点,差 点		
7		室内地面	共查 点,好 点,一般 点,差 点		
8		楼梯、踏步、护栏	共查 点,好 点,一般 点,差 点		
9		门窗	共查 点,好 点,一般 点,差 点		
10		雨罩、台阶、坡道、散水	共查 点,好 点,一般 点,差 点		
1	给排水与供暖	管道接口、坡度、支架	共查 点,好 点,一般 点,差 点		
2		卫生器具、支架、阀门	共查 点,好 点,一般 点,差 点		
3		检查口、扫除口、地漏	共查 点,好 点,一般 点,差 点		
4		散热器、支架	共查 点,好 点,一般 点,差 点		
1	通风与空调	风管、支架	共查 点,好 点,一般 点,差 点		
2		风口、风阀	共查 点,好 点,一般 点,差 点		
3		风机、空调设备	共查 点,好 点,一般 点,差 点		
4		管道、阀门、支架	共查 点,好 点,一般 点,差 点		
5		水泵、冷却塔	共查 点,好 点,一般 点,差 点		
6		绝热	共查 点,好 点,一般 点,差 点		
1	建筑电气	配电箱、盘、板,接线盒	共查 点,好 点,一般 点,差 点		
2		设备器具、开关、插座	共查 点,好 点,一般 点,差 点		
3		防雷、接地、防火	共查 点,好 点,一般 点,差 点		
1	智能建筑	机房设备安装及布局	共查 点,好 点,一般 点,差 点		
2		现场设备安装	共查 点,好 点,一般 点,差 点		
1	电梯	运行、平层、开关门	共查 点,好 点,一般 点,差 点		
2		层门、信号系统	共查 点,好 点,一般 点,差 点		
3		机房	共查 点,好 点,一般 点,差 点		
观感质量综合评价					

结论:

施工单位项目负责人: 　　　　　　　　　　　　总监理工程师:
　　　　　　　　　　　　　　　　　　　　　　(建设单位项目负责人)

　　　　　　年　月　日　　　　　　　　　　　　　　年　月　日

注:质量评价为差的项目应进行返修。

第二节　检验批质量验收记录(G 类-地基与基础分部) 填报实训指导任务书

【实训项目名称】

检验批质量验收记录(G 类-地基与基础分部)填报。

【适用专业】

建筑工程管理,工程造价及其他相关专业。

【实训目标】

能熟练进行检验批质量验收记录(G 类-地基与基础分部)的选择、填写及编目工作。

1. 知识目标

能准确说出检验批质量验收记录(G 类-地基与基础分部)的分类;

能够说出检验批质量验收记录(G 类-地基与基础分部)常规表格填写的一般要求;

能熟练陈述检验批质量验收记录(G 类-地基与基础分部)的运作程序。

2. 能力目标

能识别检验批质量验收记录(G 类-地基与基础分部);

能够熟练掌握检验批质量验收记录(G 类-地基与基础分部)的表式;

能深入理解检验批质量验收记录(G 类-地基与基础分部)的质量要求;

熟练掌握检验批质量验收记录(G 类-地基与基础分部)的填表及编目方法。

【实训任务及要求】

(1)完成素土、灰土地基检验批质量验收记录的编制及编目;

(2)完成砂和砂石地基检验批质量验收记录的编制及编目;

(3)完成粉煤灰地基检验批质量验收记录资料等资料表格的编制及编目。

【实训组织】

(1)学生分组,分别代表建设单位、监理单位、施工单位进行角色扮演,模拟工程进度节点及各类通常容易发生的事件,结合工程实践进行资料上报、审批、汇总;

(2)老师提示、点评、修改、总结。

【实训步骤】

(1)图表准备;

(2)事件准备;

(3)填写表格及编目;

(4)错误订正;

(5)表格送报。

素土、灰土地基检验批质量验收记录
[《建筑地基基础工程施工质量验收规范》(GB 50202—2002)]

01010101 _____

单位(子单位)工程名称								
分部(子分部)工程名称				分项工程名称				
施工单位			项目负责人			检验批容量		
分包单位			分包单位项目负责人			检验批部位		
施工依据				验收依据				

验收项目			设计要求及规范规定	最小/实际抽样数量	检查记录	检查结果
主控项目	1	地基承载力	设计要求	/		
	2	配合比	设计要求	/		
	3	压实系数	设计要求	/		
一般项目	1	石灰粒径/mm	±5	/		
	2	土料有机质含量/%	±5	/		
	3	土颗粒粒径/mm	±15	/		
	4	含水量(与要求的最优含水量比较)/%	±2	/		
	5	分层厚度偏差(与设计要求比较)/mm	±50	/		
施工单位检查结果			施工员: 质检员: 年 月 日			
监理(建设)单位验收结论			专业监理工程师: (建设单位项目专业技术负责人) 年 月 日			

【相关知识要点】

素土、灰土地基检验批质量验收记录[《建筑地基基础工程施工质量验收规范》(GB 50202—2002)]相关知识要点如下。

1.检验批划分

根据施工现场情况,地基子分部可以按照基础类型划分为一个检验批,对于工程量很大或者施工组织设计与专项施工方案中要求分段施工的,可以按照施工段划分为若干个检验批。

2.《建筑地基基础工程施工质量验收规范》(GB 50202—2002)质量检验标准条款

4.2.4　灰土地基的质量验收标准应符合表 4.2.4 的规定。

表 4.2.4　　　　　　　　　　　　　　　　　灰土地基质量检验标准

项目	序号	检查项目	允许偏差或允许值		检查方法
			单位	数值	
主控项目	1	地基承载力	设计要求		按规定方法
	2	配合比	设计要求		按拌和时的体积比
	3	压实系数	设计要求		现场实测
一般项目	1	石灰粒径	mm	≤5	筛分法
	2	土料有机质含量	%	≤5	试验室焙烧法
	3	土颗粒粒径	mm	≤15	筛分法
	4	含水量(与要求的最优含水量比较)	%	±2	烘干法
	5	分层厚度偏差(与设计要求比较)	mm	±50	水准仪

砂和砂石地基检验批质量验收记录
[《建筑地基基础工程施工质量验收规范》(GB 50202—2002)]

01010201 _____

单位(子单位)工程名称						
分部(子分部)工程名称				分项工程名称		
施工单位			项目负责人		检验批容量	
分包单位			分包单位项目负责人		检验批部位	
施工依据				验收依据		

验收项目			设计要求及规范规定	最小/实际抽样数量	检查记录	检查结果
主控项目	1	地基承载力	设计要求	/		
	2	配合比	设计要求	/		
	3	压实系数	设计要求	/		
一般项目	1	砂石料有机质含量/%	±5	/		
	2	砂石料含泥量/%	±5	/		
	3	石料粒径/mm	±100	/		
	4	含水量(与最优含水量比较)/%	±2	/		
	5	分层厚度(与设计要求比较)/mm	±50	/		
施工单位检查结果			施工员： 质检员： 　　　　　　　　　　　　　　　　　　　年　月　日			
监理(建设)单位验收结论			专业监理工程师： (建设单位项目专业技术负责人) 　　　　　　　　　　　　　　　　　　　年　月　日			

【相关知识要点】

砂和砂石地基检验批质量验收记录[《建筑地基基础工程施工质量验收规范》(GB 50202—2002)]相关知识要点如下。

1.检验批划分

根据施工现场情况,地基子分部可以按照基础类型划分为一个检验批,对于工程量很大或者施工组织设计与专项施工方案中要求分段施工的,可以按照施工段划分为若干个检验批。

2.《建筑地基基础工程施工质量验收规范》(GB 50202—2002)质量检验标准条款

4.3.4 砂和砂石地基的质量验收标准应符合表4.3.4的规定。

表4.3.4 砂及砂石地基质量检验标准

项目	序号	检查项目	允许偏差或允许值		检查方法
			单位	数值	
主控项目	1	地基承载力	设计要求		按规定方法
	2	配合比	设计要求		按拌和时的体积比或重量比
	3	压实系数	设计要求		现场实测
一般项目	1	砂石料有机质含量	%	≤5	焙烧法
	2	砂石料含泥量	%	≤5	水洗法
	3	石料粒径	mm	≤100	筛分法
	4	含水量(与最优含水量比较)	%	±2	烘干法
	5	分层厚度(与设计要求比较)	mm	±50	水准仪

粉煤灰地基检验批质量验收记录
[《建筑地基基础工程施工质量验收规范》(GB 50202—2002)]

01010401 _____

单位(子单位)工程名称					
分部(子分部)工程名称		分项工程名称			
施工单位		项目负责人		检验批容量	
分包单位		分包单位项目负责人		检验批部位	
施工依据		验收依据			

验收项目			设计要求及规范规定	最小/实际抽样数量	检查记录	检查结果
主控项目	1	压实系数	设计要求	/		
	2	地基承载力	设计要求	/		
一般项目	1	粉煤灰粒径/mm	0.001~2.000	/		
	2	氧化铝及二氧化硅含量/%	≥70	/		
	3	烧失量/%	≤12	/		
	4	每层铺筑厚度/mm	±50	/		
	5	含水量(与最优含水量比较)/%	±2	/		

续表

单位(子单位) 工程名称				
分部(子分部) 工程名称		分项工程名称		
施工单位		项目负责人	检验批容量	
分包单位		分包单位 项目负责人	检验批部位	
施工依据		验收依据		
验收项目	设计要求及 规范规定	最小/实际 抽样数量	检查记录	检查结果
施工单位检查结果	施工员： 质检员： 　　　　　　　　　　　　　　　　　　　　　　　年　月　日			
监理(建设)单位 验收结论	专业监理工程师： (建设单位项目专业技术负责人) 　　　　　　　　　　　　　　　　　　　　　　　年　月　日			

【相关知识要点】

粉煤灰地基检验批质量验收记录[《建筑地基基础工程施工质量验收规范》(GB 50202—2002)]相关知识要点如下。

1. 检验批划分

根据施工现场情况,地基子分部可以按照基础类型划分为一个检验批,对于工程量很大或者施工组织设计与专项施工方案中要求分段施工的,可以按照施工段划分为若干个检验批。

2.《建筑地基基础工程施工质量验收规范》(GB 50202—2002)质量检验标准条款

4.5.4　粉煤灰地基质量检验标准应符合表 4.5.4 的规定。

表 4.5.4　　　　　　　　　　　　　　　　**粉煤灰地基质量检验标准**

项目	序号	检查项目	允许偏差或允许值		检查方法
			单位	数值	
主控项目	1	压实系数	设计要求		现场实测
	2	地基承载力	设计要求		按规定方法
一般项目	1	粉煤灰粒径	mm	0.001~2.000	过筛
	2	氧化铝及二氧化硅含量	%	≥70	试验室化学分析
	3	烧失量	%	≤12	试验室烧结法
	4	每层铺筑厚度	mm	±50	水准仪
	5	含水量(与最优含水量比较)	%	±2	取样后试验室确定

钢筋混凝土预制桩(钢筋骨架)检验批质量验收记录
[《建筑地基基础工程施工质量验收规范》(GB 50202—2002)]

01020701 _____

单位(子单位) 工程名称						
分部(子分部) 工程名称			分项工程名称			
施工单位		项目负责人		检验批容量		
分包单位		分包单位 项目负责人		检验批部位		
施工依据			验收依据			

	验收项目		设计要求及 规范规定	最小/实际 抽样数量	检查记录	检查结果
主控项目	1	主筋距桩顶距离/mm	±5	/		
	2	多节桩锚固 钢筋位置/mm	5	/		
	3	多节桩预埋铁件/mm	±3	/		
	4	主筋保护层厚度/mm	±5	/		
一般项目	1	主筋间距/mm	±5	/		
	2	桩尖中心线/mm	10	/		
	3	箍筋间距/mm	±20	/		
	4	桩顶钢筋网片/mm	±10	/		
	5	多节桩锚固 钢筋长度/mm	±10	/		

施工单位检查结果	施工员: 质检员: 年 月 日
监理(建设)单位验收结论	专业监理工程师: (建设单位项目专业技术负责人) 年 月 日

【相关知识要点】

钢筋混凝土预制桩(钢筋骨架)检验批质量验收记录[《建筑地基基础工程施工质量验收规范》(GB 50202—2002)]相关知识要点如下。

1.检验批划分

根据第5.1.4条"每浇注50m³必须有1个组试件,小于50m³的桩,每根桩必须有1个组试件"及施工现场实际情况,可根据桩的类型、混凝土强度等级一桩一个检验批。

2.《建筑地基基础工程施工质量验收规范》(GB 50202—2002)质量检验标准条款

5.4.1　桩在现场预制时,应对原材料、钢筋骨架、混凝土强度进行检查;采用工厂生产的成品桩时,桩进场后应进行外观及尺寸检查。

表5.4.1　　　　　　　　　　　　　　　　　　**预制桩钢筋骨架质量检验标准**

项目	序号	检查项目	允许偏差或允许值/mm	检查方法
主控项目	1	主筋距桩顶距离	±5	用钢尺量
	2	多节桩锚固钢筋位置	5	用钢尺量
	3	多节桩预埋铁件	±3	用钢尺量
	4	主筋保护层厚度	±5	用钢尺量
一般项目	1	主筋间距	±5	用钢尺量
	2	桩尖中心线	10	用钢尺量
	3	箍筋间距	±20	用钢尺量
	4	桩顶钢筋网片	±10	用钢尺量
	5	多节桩锚固钢筋长度	±10	用钢尺量

钢筋混凝土预制桩检验批质量验收记录
[《建筑地基基础工程施工质量验收规范》(GB 50202—2002)]

01020702 ＿＿＿＿＿＿＿

单位(子单位)工程名称						
分部(子分部)工程名称			分项工程名称			
施工单位		项目负责人		检验批容量		
分包单位		分包单位项目负责人		检验批部位		
施工依据			验收依据			

验收项目		设计要求及规范规定	最小/实际抽样数量	检查记录	检查结果
主控项目	1　桩体质量检验	按基桩检测技术规范	/		
	2　桩位偏差	见本规范表5.1.3	/		
	3　承载力	按基桩检测技术规范	/		
一般项目	1　砂、石、水泥、钢材等原材料(现场预制时)	设计要求	/		
	2　混凝土配合比及强度(现场预制时)	设计要求	/		
	3　成品桩外形	表面平整,颜色均匀,掉角深度小于10mm,蜂窝面积小于总面积的0.5%	/		

单位(子单位)工程名称						
分部(子分部)工程名称				分项工程名称		
施工单位			项目负责人		检验批容量	
分包单位			分包单位项目负责人		检验批部位	
施工依据				验收依据		

验收项目			设计要求及规范规定	最小/实际抽样数量	检查记录	检查结果
一般项目	4	成品桩裂缝(收缩裂缝或起吊、装运、堆放引起的裂缝)	深度小于20mm,宽度小于0.25mm,横向裂缝不超过边长的一半	/		
	5	成品桩尺寸 横截面边长/mm	±5	/		
		桩顶对角线差/mm	<10	/		
		桩尖中心线/mm	<10	/		
		桩身弯曲矢高	<1/1000L (L= mm)	/		
		桩顶平整度/mm	<2	/		
	6	电焊接桩 焊缝质量	见本规范表5.5.4-2	/		
		电焊结束后停歇时间	>1.0min	/		
		上下节平面偏差/mm	<10	/		
		节点弯曲矢高	<1/1000L (L= mm)	/		
	7	硫黄胶泥接桩 胶泥浇注时间	<2min	/		
		浇注后停歇时间	>7min	/		
	8	桩顶标高/mm	±50	/		
	9	停锤标准	设计要求	/		
施工单位检查结果			施工员: 质检员: 年 月 日			
监理(建设)单位验收结论			专业监理工程师: (建设单位项目专业技术负责人) 年 月 日			

【相关知识要点】

钢筋混凝土预制桩检验批质量验收记录[《建筑地基基础工程施工质量验收规范》(GB 50202—2002)]相关知识要点如下。

1. 检验批划分

根据第 5.1.4 条"每浇注 50m³ 必须有 1 个组试件,小于 50m³ 的桩,每根桩必须有 1 个组试件"及施工现场实际情况,可根据桩的类型、混凝土强度等级一桩一个检验批。

2.《建筑地基基础工程施工质量验收规范》(GB 50202—2002)质量检验标准条款

5.4.5 钢筋混凝土预制桩的质量检验标准应符合表 5.4.5 的规定。

表 5.4.5 **钢筋混凝土预制桩的质量检验标准**

项目	序号	检查项目	允许偏差或允许值		检查方法
			单位	数值	
主控项目	1	桩体质量检验	按基桩检测技术规范		按基桩检测技术规范
	2	桩位偏差	见本规范表 5.1.3		用钢尺量
	3	承载力	按基桩检测技术规范		按基桩检测技术规范
一般项目	1	砂、石、水泥、钢材等原材料(现场预制时)	符合设计要求		查出厂质保文件或抽样送检
	2	混凝土配合比及强度(现场预制时)	符合设计要求		检查称量及查试块记录
	3	成品桩外形	表面平整,颜色均匀,掉角深度小于 10mm,蜂窝面积小于总面积的 0.5%		直观
	4	成品桩裂缝(收缩裂缝或成吊、装运、堆放引起的裂缝)	深度小于 20mm,宽度小于 0.25mm,横向裂缝不超过边长的一半		裂缝测定仪,该项对于在地下水有侵蚀地区及锤击数超过 500 击的长桩不适用
	5	成品桩尺寸:横截面边长 桩顶对角线差 桩尖中心线 桩身弯曲矢高 桩顶平整度	mm mm mm mm	±5 <10 <10 <1/1000l <2	用钢尺量 用钢尺量 用钢尺量 用钢尺量,l 为桩长 用水平尺量
	6	电焊接桩:焊缝质量 电焊结束后停歇时间 上下节平面偏差 节点弯曲矢高	见本规范表 5.5.4-2 min mm	 >1.0 <10 <1/1000l	见本规范表 5.5.4-2 秒表测定 用钢尺量 用钢尺量,l 为两节桩长
	7	硫黄胶泥接桩:胶泥浇注时间 浇注后停歇时间	min min	<2 >7	秒表测定 秒表测定
	8	桩顶标高	mm	±50	水准仪
	9	停锤标准	设计要求		现场实测或查沉桩记录

土方开挖检验批质量验收记录

[《建筑地基基础工程施工质量验收规范》(GB 50202—2002)]

01050101 _____

单位(子单位)工程名称						
分部(子分部)工程名称			分项工程名称			
施工单位			项目负责人		检验批容量	
分包单位			分包单位项目负责人		检验批部位	
施工依据			验收依据			

验收项目			设计要求及规范规定		最小/实际抽样数量	检查记录	检查结果
主控项目	1	标高	柱基、基坑、基槽	−50	/		
			场地平整 人工	±30	/		
			场地平整 机械	±50	/		
			管沟	−50	/		
			地(路)面基础层	−50	/		
	2	长度、宽度(由设计中心线向两边量)	柱基基坑基槽	+200 −50	/		
			场地平整 人工	+300 −100	/		
			场地平整 机械	500 −150	/		
			管沟	+100			
	3	边坡	设计要求				
一般项目	1	表面平整度	柱基、基坑、基槽	20	/		
			场地平整 人工	20	/		
			场地平整 机械	50	/		
			管沟	20	/		
			地(路)面基础层	20	/		
	2	基底土性	设计要求		/		

施工单位检查结果	施工员: 质检员: 年　月　日
监理(建设)单位验收结论	专业监理工程师: (建设单位项目专业技术负责人) 年　月　日

【相关知识要点】

土方开挖检验批质量验收记录[《建筑地基基础工程施工质量验收规范》(GB 50202—2002)]相关知识要点如下。

1.检验批划分

根据施工现场情况,土方开挖按照基础单独划分为一个检验批,对于工程量很大或者施工组织设计与专项施工方案中要求分段开挖的,可以按照施工段划分为若干个检验批。

2.《建筑地基基础工程施工质量验收规范》(GB 50202—2002)质量检验标准条款

6.2.4　土方开挖工程的质量检验标准应符合表6.2.4的规定。

表6.2.4　　　　　　　　　　　　　　土方开挖工程质量检验标准

项目	序号	检查项目	允许偏差或允许值/mm					检验方法
			柱基、基坑、基槽	挖方场地平整		管沟	地(路)面基层	
				人工	机械			
主控项目	1	标高	−50	±30	±50	−50	−50	水准仪
	2	长度、宽度(由设计中心线向两边量)	+200 −50	+300 −100	+500 −150	+100	—	经纬仪,用钢尺量
	3	边坡	设计要求					观察或用坡度尺检查
一般项目	1	表面平整度	20	20	50	20	20	用2m靠尺和楔形塞尺检查
	2	基底土性	设计要求					观察或土样分析

土方回填检验批质量验收记录
[《建筑地基基础工程施工质量验收规范》(GB 50202—2002)]

01050201 _____

单位(子单位) 工程名称						
分部(子分部) 工程名称			分项工程名称			
施工单位		项目负责人			检验批容量	
分包单位		分包单位 项目负责人			检验批部位	
施工依据			验收依据			
验收项目		设计要求及规范规定		最小/实际 抽样数量	检查记录	检查结果
主控项目	1 标高	柱基、基坑、基槽	−50	/		
		场地平整　人工	±30	/		
		机械	±50	/		
		管沟	−50	/		
		地(路)面基础层	−50	/		
	2 分层压实系数	设计要求		/		
一般项目	1 回填土料	设计要求		/		
	2 分层厚度及含水量	设计要求		/		

单位(子单位) 工程名称						
分部(子分部) 工程名称			分项工程名称			
施工单位		项目负责人		检验批容量		
分包单位		分包单位 项目负责人		检验批部位		
施工依据			验收依据			
验收项目		设计要求及 规范规定		最小/实际 抽样数量	检查记录	检查结果
一般 项目	3 表面 平整度	柱基、基坑、基槽	20	/		
		场地平整 人工	20	/		
		场地平整 机械	30	/		
		管沟	20	/		
		地(路)面基础层	20	/		
施工单位检查结果		施工员： 质检员： 年　月　日				
监理(建设)单位验收结论		专业监理工程师： (建设单位项目专业技术负责人) 年　月　日				

【相关知识要点】

土方回填检验批质量验收记录[《建筑地基基础工程施工质量验收规范》(GB 50202—2002)]相关知识要点如下。

1.检验批划分

根据施工现场情况,土方回填按照基础单独划分为一个检验批,对于工程量很大或者施工组织设计与专项施工方案中要求分段回填的,可以按照施工段划分为若干个检验批。

2.《建筑地基基础工程施工质量验收规范》(GB 50202—2002)质量检验标准条款

6.3.4　填方施工结束后,应检查标高、边坡坡度、压实程度等,检验标准应符合表6.3.4的规定。

表6.3.4　　　　　　　　　　　　　　**填土工程质量检验标准**

项目	序号	检查项目	允许偏差或允许值/mm					检验方法
			柱基、基坑、基槽	挖方场地平整		管沟	地(路)面 基础层	
				人工	机械			
主控 项目	1	标高	−50	±30	±50	−50	−50	水准仪
	2	分层压实系数	设计要求					按规定方法
一般 项目	1	回填土料	设计要求					取样检查或直观鉴别
	2	分层厚度及含水量	设计要求					水准仪及抽样检查
	3	表面平整度	20	20	30	20	20	用靠尺或水准仪

水泥砂浆防水层检验批质量验收记录
[《地下防水工程质量验收规范》(GB 50208—2011)]

01070102 _____

单位(子单位)工程名称						
分部(子分部)工程名称				分项工程名称		
施工单位			项目负责人		检验批容量	
分包单位			分包单位项目负责人		检验批部位	
施工依据				验收依据		

主控项目	1	防水砂浆的原材料及配合比	第4.2.7条	/		
	2	防水砂浆的黏结强度和抗渗性能	第4.2.8条	/		
	3	水泥砂浆防水层与基层之间应结合牢固,无空鼓现象	第4.2.9条	/		
一般项目	1	水泥砂浆防水层表面应密实、平整,不得有裂纹、起砂、麻面等缺陷	第4.2.10条	/		
	2	水泥砂浆防水层施工缝留槎位置应正确,接槎应按层次顺序操作,层层搭接紧密	第4.2.11条	/		
	3	水泥砂浆防水层的平均厚度应符合设计要求	厚度不小于设计值的85%	/		
	4	水泥砂浆防水层表面平整度	5mm	/		

施工单位检查结果	施工员: 质检员: 年 月 日
监理(建设)单位验收结论	专业监理工程师: (建设单位项目专业技术负责人) 年 月 日

【相关知识要点】

水泥砂浆防水层检验批质量验收记录[《地下防水工程质量验收规范》(GB 50208—2011)]相关知识要点如下。

1.检验批划分

3.0.13 地下防水工程的分项工程检验批和抽样检验数量应符合下列规定:

(1)主体结构防水工程和细部构造防水工程应按结构层、变形缝或后浇带等施工段划分检验批;

(2)特殊施工法结构防水工程应按隧道区间、变形缝等施工段划分检验批;

(3)排水工程和注浆工程应各为一个检验批;

(4)各检验批的抽样检验数量:细部构造应为全数检查,其他均应符合本规范的规定。

2.合格标准(略)

3.《地下防水工程质量验收规范》(GB 50208—2011)相关质量检验标准条款

(1)主控项目。

4.2.7 防水砂浆的原材料及配合比必须符合设计规定。

检验方法:检查产品合格证、产品性能检测报告、计量措施和材料进场检验报告。

4.2.8 防水砂浆的黏结强度和抗渗性能必须符合设计规定。

检验方法:检查砂浆黏结强度、抗渗性能检测报告。

4.2.9 水泥砂浆防水层与基层之间应结合牢固,无空鼓现象。

检验方法:观察和用小锤轻击检查。

(2)一般项目。

4.2.10 水泥砂浆防水层表面应密实、平整,不得有裂纹、起砂、麻面等缺陷。

检验方法:观察检查。

4.2.11 水泥砂浆防水层施工缝留槎位置应正确,接槎应按层次顺序操作,层层搭接紧密。

检验方法:观察检查和检查隐蔽工程验收记录。

4.2.12 水泥砂浆防水层的平均厚度应符合设计要求,最小厚度不得小于设计值的85%。

检验方法:用针测法检查。

4.2.13 水泥砂浆防水层表面平整度的允许偏差应为5mm。

检查方法:用2m靠尺和楔形塞尺检查。

卷材防水层检验批质量验收记录

[《地下防水工程质量验收规范》(GB 50208—2011)]

01070103 _____

单位(子单位) 工程名称						
分部(子分部) 工程名称			分项工程名称			
施工单位		项目负责人		检验批容量		
分包单位		分包单位 项目负责人		检验批部位		
施工依据			验收依据			
验收项目		设计要求及 规范规定	最小/实际 抽样数量	检查记录		检查结果
主控项目	1	卷材防水层所用卷材及其配套材料	第4.3.15条	/		
	2	卷材防水层在转角处、变形缝、施工缝、穿墙管等部位的做法	第4.3.16条	/		

续表

单位(子单位)工程名称						
分部(子分部)工程名称			分项工程名称			
施工单位		项目负责人			检验批容量	
分包单位		分包单位项目负责人			检验批部位	
施工依据			验收依据			

验收项目		设计要求及规范规定	最小/实际抽样数量	检查记录	检查结果
一般项目	1	卷材防水层的搭接缝	第4.3.17条	/		
	2	采用外防外贴法铺贴卷材防水层时,立面卷材接槎的搭接宽度,且上层卷材应盖过下层卷材	第4.3.18条	/		
	3	侧墙卷材防水层的保护层	第4.3.19条	/		
	4	卷材搭接宽度	−10mm	/		

施工单位检查结果	施工员: 质检员: 年　月　日
监理(建设)单位验收结论	专业监理工程师: (建设单位项目专业技术负责人) 年　月　日

【相关知识要点】

卷材防水层检验批质量验收记录[《地下防水工程质量验收规范》(GB 50208—2011)]相关知识要点如下。

1. 检验批划分

3.0.13　地下防水工程的分项工程检验批和抽样检验数量应符合下列规定:

(1)主体结构防水工程和细部构造防水工程应按结构层、变形缝或后浇带等施工段划分检验批;

(2)特殊施工法结构防水工程应按隧道区间、变形缝等施工段划分检验批;

(3)排水工程和注浆工程应各为一个检验批;

(4)各检验批的抽样检验数量:细部构造应为全数检查,其他均应符合本规范的规定。

2. 合格标准(略)

3.《地下防水工程质量验收规范》(GB 50208—2011)质量检验标准条款

(1)主控项目。

4.3.15　卷材防水层所用卷材及其配套材料必须符合设计要求。

检验方法:检查产品合格证、产品性能检测报告和材料进场检验报告。

4.3.16 卷材防水层在转角处、变形缝、施工缝、穿墙管等部位的做法必须符合设计要求。

检验方法:观察检查和检查隐蔽工程验收记录。

(2)一般项目。

4.3.17 卷材防水层的搭接缝应粘贴或焊接牢固,密封严密,不得有扭曲、皱折、翘边和起泡等缺陷。

检验方法:观察检查。

4.3.18 采用外防外贴法铺贴卷材防水层时,立面卷材接槎的搭接宽度,高聚物改性沥青类卷材应为150mm,合成高分子类卷材应为100mm,且上层卷材应盖过下层卷材。

检验方法:观察和尺量检查。

4.3.19 侧墙卷材防水层的保护层与防水层应结合紧密、保护层厚度应符合设计要求。

检验方法:观察和尺量检查。

4.3.20 卷材搭接宽度的允许偏差应为-10mm。

检验方法:观察和尺量检查。

涂料防水层检验批质量验收记录
[《地下防水工程质量验收规范》(GB 50208—2011)]

01070104 _____

单位(子单位) 工程名称						
分部(子分部) 工程名称				分项工程名称		
施工单位			项目负责人		检验批容量	
分包单位			分包单位 项目负责人		检验批部位	
施工依据				验收依据		

		验收项目	设计要求及 规范规定	最小/实际 抽样数量	检查记录	检查结果
主控 项目	1	涂料防水层所用的材料及配合比	第4.4.7条	/		
	2	涂料防水层的平均厚度应符合设计要求	≥90%	/		
	3	涂料防水层在转角处、变形缝、施工缝、穿墙管等部位的做法	第4.4.9条	/		
一般 项目	1	涂料防水层应与基层黏结	第4.4.10条	/		
	2	涂层间夹铺胎体增强材料	第4.4.11条	/		
	3	侧墙涂料防水层的保护层	第4.4.12条	/		

续表

单位(子单位) 工程名称					
分部(子分部) 工程名称			分项工程名称		
施工单位		项目负责人		检验批容量	
分包单位		分包单位 项目负责人		检验批部位	
施工依据			验收依据		
施工单位检查结果	施工员: 质检员: 年 月 日				
监理(建设)单位验收结论	专业监理工程师: (建设单位项目专业技术负责人) 年 月 日				

【相关知识要点】

涂料防水层检验批质量验收记录[《地下防水工程质量验收规范》(GB 50208—2011)]相关知识要点如下。

1. 检验批划分

3.0.13 地下防水工程的分项工程检验批和抽样检验数量应符合下列规定:

(1)主体结构防水工程和细部构造防水工程应按结构层、变形缝或后浇带等施工段划分检验批;

(2)特殊施工法结构防水工程应按隧道区间、变形缝等施工段划分检验批;

(3)排水工程和注浆工程应各为一个检验批;

(4)各检验批的抽样检验数量:细部构造应为全数检查,其他均应符合本规范的规定。

2. 合格标准(略)

3.《地下防水工程质量验收规范》(GB 50208—2011)质量检验标准条款

(1)主控项目。

4.4.7 涂料防水层所用的材料及配合比必须符合设计要求。

检验方法:检查产品合格证、产品性能检测报告、计量措施和材料进场检验报告。

4.4.8 涂料防水层的平均厚度应符合设计要求,最小厚度不得低于设计厚度的90%。

检验方法:用针测法检查。

4.4.9 涂料防水层在转角处、变形缝、施工缝、穿墙管等部位的做法必须符合设计要求。

检验方法:观察检查和检查隐蔽工程验收记录。

(2)一般项目。

4.4.10 涂料防水层应与基层黏结牢固、涂刷均匀,不得流淌、鼓泡、露槎。

检验方法:观察检查。

4.4.11 涂层间夹铺胎体增强材料时,应使防水涂料浸透胎体覆盖完全,不得有胎体外露现象。

检验方法:观察检查。

4.4.12 侧墙涂料防水层的保护层与防水层应结合紧密,保护层厚度应符合设计要求。

检验方法:观察检查。

施工缝检验批质量验收记录
[《地下防水工程质量验收规范》(GB 50208—2011)]

01070201 _____

单位(子单位)工程名称						
分部(子分部)工程名称			分项工程名称			
施工单位		项目负责人			检验批容量	
分包单位		分包单位项目负责人			检验批部位	
施工依据			验收依据			

验收项目			设计要求及规范规定	最小/实际抽样数量	检查记录	检查结果
主控项目	1	施工缝防水密封材料种类及质量	第5.1.1条	/		
	2	施工缝防水构造	第5.1.2条	/		
一般项目	1	墙体水平施工缝位置	第5.1.3条	/		
		拱、板与墙结合的水平施工缝位置	第5.1.3条	/		
		垂直施工缝位置	第5.1.3条	/		
	2	在施工缝处继续浇筑混凝土时,已浇筑的混凝土抗压强度不应小于1.2MPa	第5.1.4条	/		
	3	水平施工缝界面处理	第5.1.5条	/		
	4	垂直施工缝浇筑界面处理	第5.1.6条	/		
	5	中埋式止水带及外贴式止水带埋设	第5.1.7条	/		
	6	遇水膨胀止水带应具有缓膨胀性能	第5.1.8条	/		
		止水条埋设	第5.1.8条	/		
	7	遇水膨胀止水胶施工	第5.1.9条	/		
	8	预埋式注浆管设置	第5.1.10条	/		
施工单位检查结果			施工员: 质检员: 年 月 日			
监理(建设)单位验收结论			专业监理工程师: (建设单位项目专业技术负责人) 年 月 日			

【相关知识要点】

施工缝检验批质量验收记录[《地下防水工程质量验收规范》(GB 50208—2011)]相关知识要点如下。

1. 检验批划分

3.0.13　地下防水工程的分项工程检验批和抽样检验数量应符合下列规定：

(1)主体结构防水工程和细部构造防水工程应按结构层、变形缝或后浇带等施工段划分检验批；

(2)特殊施工法结构防水工程应按隧道区间、变形缝等施工段划分检验批；

(3)排水工程和注浆工程应各为一个检验批；

(4)各检验批的抽样检验数量：细部构造应为全数检查，其他均应符合本规范的规定。

2. 合格标准(略)

3.《地下防水工程质量验收规范》(GB 50208—2011)质量检验标准条款

(1)主控项目。

5.1.1　施工缝用止水带、遇水膨胀止水条或止水胶、水泥基渗透结晶型防水涂料和预埋注浆管必须符合设计要求。

检验方法：检查产品合格证、产品性能检测报告和材料进场检验报告。

5.1.2　施工缝防水构造必须符合设计要求。

检验方法：观察检查和检查隐蔽工程验收记录。

(2)一般项目。

5.1.3　墙体水平施工缝应留设在高出底板表面不小于300mm的墙体上。拱、板与墙结合的水平施工缝，宜留在拱、板和墙交接处以下150～300mm处；垂直施工缝应避开地下水和裂隙水较多的地段，并宜与变形缝相结合。

检验方法：观察检查和检查隐蔽工程验收记录。

5.1.4　在施工缝处继续浇筑混凝土时，已浇筑的混凝土抗压强度不应小于1.2MPa。

检验方法：观察检查和检查隐蔽工程验收记录。

5.1.5　水平施工缝浇筑混凝土前，应将其表面浮浆和杂物清除，然后铺设净浆、涂刷混凝土界面处理剂或水泥基渗透结晶型防水涂料，再铺30～50mm厚的1∶1水泥砂浆，并及时浇筑混凝土。

检验方法：观察检查和检查隐蔽工程验收记录。

5.1.6　垂直施工缝浇筑混凝土前，应将其表面清理干净，再涂刷混凝土界面处理剂或水泥基渗透结晶型防水涂料，并及时浇筑混凝土。

检验方法：观察检查和检查隐蔽工程验收记录。

5.1.7　中埋式止水带及外贴式止水带埋设位置应准确，固定应牢靠。

检验方法：观察检查和检查隐蔽工程验收记录。

5.1.8　遇水膨胀止水带应具有缓膨胀性能；止水条与施工缝基面应密贴，中间不得有空鼓、脱离等现象；止水条应牢固地安装在缝表面或预埋凹槽内；止水条采用搭接连接时，搭接宽度不得小于30mm。

检验方法：观察检查和检查隐蔽工程验收记录。

5.1.9　遇水膨胀止水胶应采用专用注胶器挤出黏结在施工缝表面，并做到连续、均匀、饱满、无气泡和孔洞，挤出宽度及厚度应符合设计要求；止水胶挤出成型后，固化期内应采取临时保护措施；止水胶固化前不得浇筑混凝土。

检验方法：观察检查和检查隐蔽工程验收记录。

5.1.10　预埋式注浆管应设置在施工缝断面中部，注浆管与施工缝基面应密贴并固定牢靠，固定间距宜为200～300mm；注浆导管与注浆管的连接应牢固、严密，导管埋入混凝土内的部分应与结构钢筋绑扎牢固，导管的末端应临时封堵严密。

检验方法：观察检查和检查隐蔽工程验收记录。

变形缝检验批质量验收记录
[《地下防水工程质量验收规范》(GB 50208—2011)]

01070202 _____

单位(子单位)工程名称					
分部(子分部)工程名称			分项工程名称		
施工单位		项目负责人		检验批容量	
分包单位		分包单位项目负责人		检验批部位	
施工依据			验收依据		

验收项目			设计要求及规范规定	最小/实际抽样数量	检查记录	检查结果
主控项目	1	变形缝用止水带、填缝材料和密封材料	第5.2.1条	/		
	2	变形缝防水构造	第5.2.2条	/		
	3	中埋式止水带埋设位置	第5.2.3条	/		
一般项目	1	中埋式止水带的接缝和接头	第5.2.4条	/		
	2	中埋式止水带在转角处应做成圆弧形	第5.2.5条	/		
		顶板、底板内止水带应安装成盆状,并宜采用专用钢筋套或扁钢固定	第5.2.5条	/		
	3	外贴式止水带在变形缝与施工缝相交部位和变形缝转角部位设置	第5.2.6条	/		
		外贴式止水带埋设位置和敷设	第5.2.6条	/		
	4	安设于结构内侧的可卸式止水带	第5.2.7条	/		
	5	嵌填密封材料的缝内处理	第5.2.8条	/		
		嵌缝底部应设置背衬材料	第5.2.8条	/		
		密封材料嵌填	第5.2.8条	/		
	6	变形缝处表面粘贴卷材或涂刷涂料前设置	第5.2.9条	/		
施工单位检查结果		施工员: 质检员: 年 月 日				
监理(建设)单位验收结论		专业监理工程师: (建设单位项目专业技术负责人) 年 月 日				

【相关知识要点】

变形缝检验批质量验收记录[《地下防水工程质量验收规范》(GB 50208—2011)]相关知识要点如下。

1. 检验批划分

3.0.13　地下防水工程的分项工程检验批和抽样检验数量应符合下列规定：

(1)主体结构防水工程和细部构造防水工程应按结构层、变形缝或后浇带等施工段划分检验批；

(2)特殊施工法结构防水工程应按隧道区间、变形缝等施工段划分检验批；

(3)排水工程和注浆工程应各为一个检验批；

(4)各检验批的抽样检验数量：细部构造应为全数检查，其他均应符合本规范的规定。

2. 合格标准(略)

3.《地下防水工程质量验收规范》(GB 50208—2011)质量检验标准条款

(1)主控项目。

5.2.1　变形缝用止水带、填缝材料和密封材料必须符合设计要求。

检验方法：检查产品合格证、产品性能检测报告和材料进场检验报告。

5.2.2　变形缝防水构造必须符合设计要求。

检验方法：观察检查和检查隐蔽工程验收记录。

5.2.3　中埋式止水带埋设位置应准确，其中间空心圆环与变形缝的中心线应重合。

检验方法：观察检查和检查隐蔽工程验收记录。

(2)一般项目。

5.2.4　中埋式止水带的接缝应设在边墙较高位置上，不得设在结构转角处；接头宜采用热压焊接，接缝应平整、牢固，不得有裂口和脱胶现象。

检验方法：观察检查和检查隐蔽工程验收记录。

5.2.5　中埋式止水带在转角处应做成圆弧形；顶板、底板内止水带应安装成盆状，并宜采用专用钢筋套或扁钢固定。

检验方法：观察检查和检查隐蔽工程验收记录。

5.2.6　外贴式止水带在变形缝与施工缝相交部位宜采用十字配件；外贴式止水带在变形缝转角部位宜采用直角配件。止水带埋设位置应准确，固定应牢靠，并与固定止水带的基层密贴，不得出现空鼓、翘边等现象。

检验方法：观察检查和检查隐蔽工程验收记录。

5.2.7　安设于结构内侧的可卸式止水带所需配件应一次配齐，转角处应做成45°坡角，并增加紧固件的数量。

检验方法：观察检查和检查隐蔽工程验收记录。

5.2.8　嵌填密封材料的缝内两侧基面应平整、洁净、干燥，并应涂刷基层处理剂；嵌缝底部应设置背衬材料；密封材料嵌填应严密、连续、饱满，黏结牢固。

检验方法：观察检查和检查隐蔽工程验收记录。

5.2.9　变形缝处表面粘贴卷材或涂刷涂料前，应在缝上设置隔离层和加强层。

检验方法：观察检查和检查隐蔽工程验收记录。

后浇带检验批质量验收记录
[《地下防水工程质量验收规范》(GB 50208—2011)]

01070203 _____

单位(子单位)工程名称						
分部(子分部)工程名称				分项工程名称		
施工单位			项目负责人		检验批容量	
分包单位			分包单位项目负责人		检验批部位	
施工依据				验收依据		

验收项目			设计要求及规范规定	最小/实际抽样数量	检查记录	检查结果
主控项目	1	后浇带用遇水膨胀止水条或止水胶、预埋注浆管、外贴式止水带	第5.3.1条	/		
	2	补偿收缩混凝土的原材料及配合比	第5.3.2条	/		
	3	后浇带防水构造	第5.3.3条	/		
	4	采用掺膨胀剂的补偿收缩混凝土,其抗压强度、抗渗性能和限制膨胀率	第5.3.4条	/		
一般项目	1	补偿收缩混凝土浇筑前,后浇带部位和外贴式止水带应采取保护措施	第5.3.5条	/		
	2	后浇带两侧的接缝表面应先清理干净,再涂刷混凝土界面处理剂或水泥基渗透结晶型防水涂料	第5.3.6条	/		
		后浇混凝土的浇筑时间应符合设计要求	第5.3.6条	/		
	3	遇水膨胀止水条应具有缓膨胀性能	第5.1.8条	/		
		止水条埋设位置、方法	第5.1.8条	/		
		止水条采用搭接连接时,搭接宽度	不得小于30mm	/		
	4	遇水膨胀止水胶施工	第5.1.9条	/		
	5	预埋式注浆管设置	第5.1.10条	/		

单位(子单位) 工程名称						
分部(子分部) 工程名称			分项工程名称			
施工单位		项目负责人			检验批容量	
分包单位		分包单位 项目负责人			检验批部位	
施工依据			验收依据			

验收项目		设计要求及 规范规定	最小/实际 抽样数量	检查记录	检查结果
一般项目	6	外贴式止水带在变形缝与施工缝相交部位和变形缝转角部位设置	第5.2.6条	/	
		外贴式止水带埋设位置和敷设	第5.2.6条	/	
	7	后浇带混凝土应一次浇筑,不得留施工缝	第5.3.8条	/	
		混凝土浇筑后应及时养护,养护时间不得少于28d	第5.3.8条	/	
施工单位检查结果		施工员： 质检员： 年　月　日			
监理(建设)单位验收结论		专业监理工程师： (建设单位项目专业技术负责人) 年　月　日			

【相关知识要点】

后浇带检验批质量验收记录[《地下防水工程质量验收规范》(GB 50208—2011)]相关知识要点如下。

1. 检验批划分

3.0.13 地下防水工程的分项工程检验批和抽样检验数量应符合下列规定：

(1)主体结构防水工程和细部构造防水工程应按结构层、变形缝或后浇带等施工段划分检验批；

(2)特殊施工法结构防水工程应按隧道区间、变形缝等施工段划分检验批；

(3)排水工程和注浆工程应各为一个检验批；

(4)各检验批的抽样检验数量：细部构造应为全数检查,其他均应符合本规范的规定。

2.合格标准(略)

3.《地下防水工程质量验收规范》(GB 50208—2011)质量检验标准条款

(1)主控项目。

5.3.1 后浇带用遇水膨胀止水条或止水胶、预埋注浆管、外贴式止水带必须符合设计要求。

检验方法:检查产品合格证、产品性能检测报告和材料进场检验报告。

5.3.2 补偿收缩混凝土的原材料及配合比必须符合设计要求。

检验方法:检查产品合格证、产品性能检测报告、计量措施和材料进场检验报告。

5.3.3 后浇带防水构造必须符合设计要求。

检验方法:观察检查和检查隐蔽工程验收记录。

5.3.4 采用掺膨胀剂的补偿收缩混凝土,其抗压强度、抗渗性能和限制膨胀率必须符合设计要求。

检验方法:检查混凝土抗压强度、抗渗性能和水中养护14d后的限制膨胀率检测报告。

(2)一般项目。

5.3.5 补偿收缩混凝土浇筑前,后浇带部位和外贴式止水带应采取保护措施。

检验方法:观察检查。

5.3.6 后浇带两侧的接缝表面应先清理干净,再涂刷混凝土界面处理剂或水泥基渗透结晶型防水涂料;后浇混凝土的浇筑时间应符合设计要求。

检验方法:观察检查和检查隐蔽工程验收记录。

5.3.7 遇水膨胀止水条的施工应符合本规范第5.1.8条的规定;遇水膨胀止水胶的施工应符合本规范第5.1.9条的规定;预埋注浆管的施工应符合本规范第5.1.10条的规定;外贴式止水带的施工应符合本规范第5.2.6条的规定。

检验方法:观察检查和检查隐蔽工程验收记录。

5.3.8 后浇带混凝土应一次浇筑,不得留施工缝;混凝土浇筑后应及时养护,养护时间不得少于28d。

检验方法:观察检查和检查隐蔽工程验收记录。

第三节 检验批质量验收记录(G 类-主体结构分部工程)填报实训指导任务书

【实训项目名称】

检验批质量验收记录(G 类-主体结构分部工程)填报。

【适用专业】

建筑工程管理、工程造价及其他相关专业。

【实训目标】

能熟练进行检验批质量验收记录(G 类-主体结构分部工程)的选择、填写及编目工作。

1. 知识目标

能准确说出检验批质量验收记录(G 类-主体结构分部工程)的分类;

能够说出检验批质量验收记录(G 类-主体结构分部工程)常规表格填写的一般要求;

能熟练陈述检验批质量验收记录(G 类-主体结构分部工程)的运作程序。

2. 能力目标

能识别检验批质量验收记录(G 类-主体结构分部工程);

能够熟练掌握检验批质量验收记录(G 类-主体结构分部工程)的表式;

能深入理解检验批质量验收记录(G 类-主体结构分部工程)的质量要求;

熟练掌握检验批质量验收记录(G 类-主体结构分部工程)的填表及编目方法。

【实训任务及要求】

(1)完成模板安装检验批质量验收记录的编制及编目;

(2)完成钢筋材料检验批质量验收记录的编制及编目;

(3)完成钢筋加工检验批质量验收记录等资料表格的编制及编目。

【实训组织】

(1)学生分组,分别代表建设单位、监理单位、施工单位进行角色扮演,模拟工程进度节点及各类通常容易发生的事件,结合工程实践进行资料上报、审批、汇总;

(2)老师提示、点评、修改、总结。

【实训步骤】

(1)图表准备;

(2)事件准备;

(3)填写表格及编目;

(4)错误订正;

(5)表格送报。

模板安装检验批质量验收记录

[《混凝土结构工程施工质量验收规范》(GB 50204—2015)]

01020201 _____
01020301 _____
01030801 _____
02010101 _____

模板安装、
拆除工程
检验批质量
验收记录表
案例

单位(子单位)工程名称					
分部(子分部)工程名称			分项工程名称		
施工单位		项目负责人		检验批容量	
分包单位		分包单位项目负责人		检验批部位	
施工依据			验收依据		

验收项目			设计要求及规范规定	最小/实际抽样数量	检查记录	检查结果
主控项目	1	模板及支架材料的外观、规格和尺寸	第4.2.1条	/		
	2	模板及支架的安装质量	第4.2.2条	/		
	3	后浇带处的模板及支架设置	第4.2.3条	/		
	4	支架竖杆和竖向模板安装在土层上的要求	第4.2.4条	/		
一般项目	1	模板安装的质量要求	第4.2.5条	/		
	2	隔离剂的品种和涂刷方法,避免隔离剂沾污,造成污染	第4.2.6条	/		
	3	模板起拱高度	第4.2.7条	/		
	4	多层连续支模的要求	第4.2.8条	/		
	5	预埋件和预留孔洞的安装允许偏差	预埋中心线位置/mm	3	/		
			预埋管、预留孔中心线位置/mm	3	/		
			插筋 中心线位置/mm	5	/		
			插筋 外露长度/mm	+10,0	/		
			预埋螺栓 中心线位置/mm	2	/		
			预埋螺栓 外露长度/mm	+10,0	/		
			预留洞 中心线位置/mm	10	/		
			预留洞 尺寸/mm	+10,0	/		

模板安装检验批质量验收记录

续表

单位(子单位) 工程名称						
分部(子分部) 工程名称			分项工程名称			
施工单位		项目负责人			检验批容量	
分包单位		分包单位 项目负责人			检验批部位	
施工依据			验收依据			

验收项目			设计要求及 规范规定	最小/实际 抽样数量	检查记录	检查结果
一般项目	6	模板安装允许偏差	轴线位置	5	/		
			底模上表面 标高/mm	±5	/		
			模板 内部 尺寸/ mm	基础	±10	/		
				柱、墙、梁	±5	/		
				楼梯相邻 踏步高差	5	/		
			柱、墙 垂直 度/ mm	层高≤6m	8	/		
				层高>6m	10	/		
			相邻两板 表面高低差/mm	2	/		
			表面平整度 mm	5	/		
	7	预制构件模板安装的允许偏差及检验方法	长度/ mm	梁、板	±4	/		
				薄腹梁、 桁架	±8	/		
				柱	0,−10	/		
				墙板	0,−5	/		
			宽度/ mm	板、墙板	0,−5	/		
				梁、薄腹梁、 桁架	+2,−5	/		
			高 (厚) 度/ mm	板	+2,−3	/		
				墙板	0,−5	/		
				梁、薄腹梁、 桁架、柱	+2,−5	/		
			侧向 弯曲/ mm	梁、板、柱	$L/1000$ 且 ≤15	/		
				墙板、 薄腹梁、 桁架	$L/1500$ 且 ≤15	/		
			板的表面 平整度/mm	3	/		
			相邻模板表面 高差/mm	1	/		

单位(子单位) 工程名称						
分部(子分部) 工程名称			分项工程名称			
施工单位		项目负责人			检验批容量	
分包单位		分包单位 项目负责人			检验批部位	
施工依据			验收依据			
验收项目			设计要求及 规范规定	最小/实际 抽样数量	检查记录	检查结果
一般项目	对角线差/mm	板	7	/		
		墙板	5	/		
	翘曲/mm	板、墙板	$L/1500$	/		
	设计起拱/mm	薄腹梁、桁架、梁	± 3	/		
施工单位检查结果		施工员： 质检员： 年　月　日				
监理(建设)单位验收结论		专业监理工程师： (建设单位项目专业技术负责人) 年　月　日				

【相关知识要点】

模板安装检验批质量验收记录[《混凝土结构工程施工质量验收规范》(GB 50204—2015)]相关知识要点如下。

1.检验批划分

3.0.8　混凝土结构工程采用的材料、构配件、器具及半成品应按进场批次进行检验。属于同一工程项目且同期施工的多个单位工程，对同一厂家生产的同批材料、构配件、器具及半成品，可统一划分检验批进行验收。

2.合格标准

3.0.4　检验批的质量验收应包括实物检查和资料检查，并应符合下列规定：

(1)主控项目的质量经抽样检验应合格；

(2)一般项目的质量经抽样检验应合格，一般项目当采用计数抽样检验时，除本规范各章有专门规定外，其合格点率应达到80%及80%以上，且不得有严重缺陷；

(3)应具有完整的质量检验记录，重要工序应具有完整的施工操作记录。

说明：本条也适用本规范其他表格中的类似情况，类似情况中不再列出此条。

3.《混凝土结构工程施工质量验收规范》(GB 50204—2015)相关质量检验标准条款

(1)主控项目。

4.2.1 模板及支架用材料的技术指标应符合国家现行有关标准的规定。进场时应抽样检验模板和支架材料的外观、规格和尺寸。

检查数量:按国家现行相关标准的规定确定。

检验方法:检查质量证明文件;观察,尺量。

4.2.2 现浇混凝土结构模板及支架的安装质量,应符合国家现行有关标准的规定和施工方案的要求。

检查数量:按国家现行相关标准的规定确定。

检验方法:按国家现行有关标准的规定执行。

4.2.3 后浇带处的模板及支架应独立设置。

检查数量:全数检查。

检验方法:观察。

4.2.4 支架竖杆和竖向模板安装在土层上时,应符合下列规定:

①土层应坚实、平整,其承载力或密实度应符合施工方案的要求;

②应有防水、排水措施,对冻胀性土,应有预防冻融措施;

③支架竖杆下应有底座或垫板。

检查数量:全数检查。

检验方法:观察;检查土层密实度检测报告、土层承载力验算或现场检测报告。

(2)一般项目。

4.2.5 模板安装质量应符合下列规定:

①模板的接缝应严密;

②模板内不应有杂物、积水或冰雪等;

③模板与混凝土的接触面应平整、清洁;

④用作模板的地坪、胎膜等应平整、清洁,不应有影响构件质量的下沉、裂缝、起砂或起鼓缺陷;

⑤对清水混凝土及装饰混凝土构件,应使用能达到设计效果的模板。

检查数量:全数检查。

检验方法:观察。

4.2.6 隔离剂的品种和涂刷方法应符合施工方案的要求。隔离剂不得影响结构性能及装饰施工;不得沾污钢筋、预应力筋、预埋件和混凝土接槎处;不得对环境造成污染。

检查数量;全数检查。

检验方法:检查质量证明文件;观察。

4.2.7 模板的起拱应符合现行国家标准《混凝土结构工程施工规范》(GB 50666—2011)的规定,并应符合设计及施工方案的要求。

检查数量:在同一检验批内,对梁,跨度大于18m时应全数检查,跨度不大于18m时应抽查构件数量的10%,且不应少于3件;对板,应按有代表性的自然间抽查10%,且不应少于3间;对大空间结构,板可按纵、横轴线划分检查面,抽查10%,且不应少于3面。

检验方法:水准仪或尺量。

4.2.8 现浇混凝土结构多层连续支模应符合施工方案的规定。上、下层模板支架的竖杆宜对准。竖杆下垫板的设置应符合施工方案的要求。

检查数量:全数检查。

检验方法:观察。

4.2.9 固定在模板上的预埋件和预留孔洞不得遗漏,且应安装牢固。有抗渗要求的混凝土结构中的预埋件,应按设计及施工方案的要求采取防渗措施。

预埋件和预留孔洞的位置应满足设计和施工方案的要求。当设计无具体要求时,其位置偏差应符合表4.2.9的规定。

检查数量:在同一检验批内,对梁、柱和独立基础,应抽查构件数量的10%,且不应少于3件;对墙和板,应按有代表性的自然间抽查10%,且不应少于3间;对大空间结构墙,可按相邻轴线间高度5m左右划分检查面,板可按纵、横轴线划分检查面,抽查10%,且均不应少于3面。

检验方法:观察,尺量。

表4.2.9　　　　　　　　　　　　预埋件和预留孔洞的安装允许偏差

项目		允许偏差/mm
预埋板中心线位置		3
预埋管、预留孔中心线位置		3
插筋	中心线位置	5
	外露长度	+10,0
预埋螺栓	中心线位置	2
	外露长度	+10,0
预留洞	中心线位置	10
	尺寸	+10,0

注:检查中心线位置时,沿纵、横两个方向抽测,并取其中偏差的较大值。

4.2.10　现浇结构模板安装的尺寸偏差及检验方法应符合表4.2.10的规定。

检查数量:在同一检验批内,对梁、柱和独立基础,应抽查构件数量的10%,且不应少于3件;对墙和板,应按有代表性的自然间抽查10%,且不应少于3间;对大空间结构,墙可按相邻轴线间高度5m左右划分检查面,板可按纵、横轴线划分检查面,抽查10%,且均不应少于3面。

表4.2.10　　　　　　　　　　现浇结构模板安装的允许偏差及检验方法

项目		允许偏差/mm	检验方法
轴线位置		5	尺量
底模上表面标高		±5	水准仪或拉线、尺量
模板内部尺寸	基础	±10	尺量
	柱、墙、梁	±5	尺量
	楼梯相邻踏步高差	±5	尺量
垂直度	柱、墙层高≤6m	8	经纬仪或吊线、尺量
	柱、墙层高>6m	10	经纬仪或吊线、尺量
相邻两块模板表面高差		2	尺量
表面平整度		5	2m靠尺和塞尺量测

注:检查轴线位置当有纵、横两个方向时,沿纵、横两个方向抽测,并取其中偏差的较大值。

4.2.11　预制构件模板安装的偏差及检验方法应符合表4.2.11的规定。

表4.2.11　　　　　　　　　　预制构件模板安装的允许偏差及检验方法

项目		允许偏差/mm	检验方法
长度	梁、板	±4	尺量两侧边,取其中较大值
	薄腹梁、桁架	±8	
	柱	0,−10	
	墙板	0,−5	

续表

项目		允许偏差/mm	检验方法
宽度	板、墙板	0，−5	尺量两端及中部，取其中较大值
	薄腹梁、桁架	＋2，−5	
高(厚)度	板	＋2，−3	尺量两端及中部，取其中较大值
	墙板	0，−5	
	梁、薄腹梁、桁架、柱	＋2，−5	
侧向弯曲	梁、板、柱	$L/1000$ 且$\leqslant 15$	拉线、尺量最大弯曲处
	墙板、薄腹梁、桁架	$L/1500$ 且$\leqslant 15$	
板的表面平整度		3	2m靠尺和塞尺量测
相邻两板表面高低差		1	尺量
对角线差	板	7	尺量两对角线
	墙板	5	
翘曲	板、墙板	$L/1500$	水平尺在两端量测
设计起拱	薄腹梁、桁架、梁	±3	拉线、尺量跨中

注：L 为构件长度(mm)。

检查数量：首次使用及大修后的模板应全数检查；使用中的模板应抽查10％，且不应少于5件，不足5件时应全数检查。

钢筋材料检验批质量验收记录

[《混凝土结构工程施工质量验收规范》(GB 50204—2015)]

01020202 _____
01020302 _____
01030802 _____
02010201 _____

单位(子单位)工程名称					
分部(子分部)工程名称			分项工程名称		
施工单位		项目负责人		检验批容量	
分包单位		分包单位项目负责人		检验批部位	
施工依据			验收依据		

验收项目			设计要求及规范规定	最小/实际抽样数量	检查记录	检查结果
主控项目	1	钢筋力学性能和重量偏差检验	第5.2.1条	/		
	2	成型钢筋力学性能和重量偏差检验	第5.2.2条	/		
	3	抗震用钢筋强度实测值	第5.2.3条	/		

单位(子单位) 工程名称						
分部(子分部) 工程名称			分项工程名称			
施工单位		项目负责人			检验批容量	
分包单位		分包单位 项目负责人			检验批部位	
施工依据			验收依据			

验收项目			设计要求及 规范规定	最小/实际 抽样数量	检查记录	检查结果
一般项目	1	钢筋外观质量	第5.2.4条	/		
	2	成型钢筋外观质量 和尺寸偏差	第5.2.5条	/		
	3	钢筋机械连接套筒、 锚固板及预埋件等外 观质量	第5.2.6条	/		
施工单位检查结果			施工员： 质检员： 年　月　日			
监理(建设)单位验收结论			专业监理工程师： (建设单位项目专业技术负责人) 年　月　日			

【相关知识要点】

钢筋材料检验批质量验收记录[《混凝土结构工程施工质量验收规范》(GB 50204—2015)]相关知识要点如下。

1.检验批划分

3.0.8 混凝土结构工程采用的材料、构配件、器具及半成品应按进场批次进行检验。属于同一工程项目且同期施工的多个单位工程,对同一厂家生产的同批材料、构配件、器具及半成品,可统一划分检验批进行验收。

2.合格标准(略)

3.《混凝土结构工程施工质量验收规范》(GB 50204—2015)质量检验标准条款

(1)主控项目。

5.2.1 钢筋进场时,应按国家现行标准《钢筋混凝土用钢 第1部分:热轧光圆钢筋》(GB 1499.1—2008)、《钢筋混凝土用钢 第2部分:热轧带肋钢筋》(GB 1499.2—2007)、《钢筋混凝土用余热处理钢筋》

(GB 13014—2013)、《钢筋混凝土用钢　第 3 部分:钢筋焊接网》(GB/T 1499.3—2010)、《冷轧带肋钢筋》(GB 13788—2008)、《高延性冷轧带肋钢筋》(YB/T 4260—2011)、《冷轧带肋钢筋混凝土结构技术规程》(JGJ 95—2011)等抽取试件做屈服强度、抗拉强度、伸长率、弯曲性能和重量偏差检验,检验结果应符合相应标准的规定。

检查数量:按进场批次和产品的抽样检验方案确定。

检验方法:检查质量证明文件和抽样检验报告。

5.2.2　成型钢筋进场时,应抽取试件做屈服强度、抗拉强度、伸长率和重量偏差检验,检验结果应符合国家现行相关标准的规定。

对由热轧钢筋制成的成型钢筋,当有施工单位或监理单位的代表驻厂监督生产过程,并提供原材钢筋力学性能第三方检验报告时,可仅进行重最偏差检验。

检查数量:同一厂家、同一类型、同一钢筋来源的成型钢筋,不超过 30t 为一批,每批中每种钢筋牌号、规格均应至少抽取 1 个钢筋试件,总数不应少于 3 个。

检验方法:检查质量证明文件和抽样检验报告。

5.2.3　对按一、二、三级抗震等级设计的框架和斜撑构件(含梯段)中的纵向受力普通钢筋应采用腿 B335E、HRB400E、HRB500E、HRBF335E、HRBF400E 或 HRBF500E 钢筋。其强度和最大力下总伸长率的实测值应符合下列规定:

①抗拉强度实测值与屈服强度实测值的比值不应小于 1.25;

②屈服强度实测值与屈服强度标准值的比值不应大于 1.30;

③最大力下总伸长率不应小于 9%。

检查数量:按进场的批次和产品的抽样检验方案确定。

检验方法:检查抽样检验报告。

(2)一般项目。

5.2.4　钢筋应平直、无损伤,表面不得有裂纹、油污、颗粒状或片状老锈。

检查数量:全数检查。

检验方法:观察。

5.2.5　成型钢筋的外观质量和尺寸偏差应符合国家现行相关标准的规定。

检查数量:同一厂家、同一类型的成型钢筋,不超过 30t 为一批,每批随机抽取 3 个成型钢筋试件。

检验方法:观察,尺量。

5.2.6　钢筋机械连接套筒、钢筋锚固板以及预埋件等的外观质量应符合国家现行相关标准的规定。

检查数量:按国家现行相关标准的规定确定。

检验方法:检查产品质量证明文件;观察,尺量。

钢筋加工
检验批质量
验收记录表
案例

钢筋加工检验批质量验收记录
[《混凝土结构工程施工质量验收规范》(GB 50204—2015)]

01020203 _____
01020303 _____
01030803 _____
02010202 _____

单位(子单位)工程名称					
分部(子分部)工程名称			分项工程名称		
施工单位		项目负责人		检验批容量	
分包单位		分包单位项目负责人		检验批部位	
施工依据			验收依据		

验收项目		设计要求及规范规定	最小/实际抽样数量	检查记录	检查结果
主控项目	1 钢筋弯折的弯弧内直径	第5.3.1条	/		
	2 纵向受力钢筋的弯折	第5.3.2条	/		
	3 箍筋、拉筋的末端弯钩	第5.3.3条	/		
	4 盘卷钢筋调直后应进行力学性能和重量偏差检验	第5.3.4条	/		
一般项目	1 钢筋加工的允许偏差	受力钢筋沿长度方向的净尺寸/mm ±10	/		
		弯起钢筋的弯折位置/mm ±20			
		箍筋外廓尺寸/mm ±5	/		

施工单位检查结果	施工员： 质检员： 年 月 日
监理(建设)单位验收结论	专业监理工程师： (建设单位项目专业技术负责人) 年 月 日

【相关知识要点】

钢筋加工检验批质量验收记录[《混凝土结构工程施工质量验收规范》(GB 50204—2015)]相关知识要点如下。

1. 检验批划分

3.0.8　混凝土结构工程采用的材料、构配件、器具及半成品应按进场批次进行检验。属于同一工程项目且同期施工的多个单位工程,对同一厂家生产的同批材料、构配件、器具及半成品,可统一划分检验批进行验收。

2. 合格标准(略)

3. 《混凝土结构工程施工质量验收规范》(GB 50204—2015)质量检验标准条款

(1)主控项目。

5.3.1　钢筋弯折的弯弧内直径应符合下列规定:

①光圆钢筋,不应小于钢筋直径的 2.5 倍;

②335MPa 级、400MPa 级带肋钢筋,不应小于钢筋直径的 4 倍;

③500MPa 级带肋钢筋,当直径在 28mm 以下时不应小于钢筋直径的 6 倍,当直径为 28mm 及 28mm 以上时不应小于钢筋直径的 7 倍;

④箍筋弯折处尚不应小于纵向受力钢筋的直径。

检查数量:每工作班同一类型钢筋、同一加工设备抽查不应少于 3 件。

检验方法:尺量。

5.3.2　纵向受力钢筋弯折后的平直段长度应符合设计要求。光圆钢筋末端做 180°弯钩时,弯钩的平直段长度不应小于钢筋直径的 3 倍。

检查数量:每工作班同一类型钢筋、同一加工设备抽查不应少于 3 件。

检验方法:尺量。

5.3.3　箍筋、拉筋的末端应按设计要求做弯钩,并应符合下列规定:

①对一般结构构件,箍筋弯钩的弯折角度不应小于 90°,弯折后平直段长度不应小于箍筋直径的 5 倍;对有抗震设防要求或设计有专门要求的结构构件,箍筋弯钩的弯折角度不应小于 135°,弯折后平直段长度不应小于箍筋直径的 10 倍;

②圆形箍筋的搭接长度不应小于其受拉锚固长度,且两末端弯钩的弯折角度不应小于 135°,弯折后平直段长度对一般结构构件不应小于箍筋直径的 5 倍,对有抗震设防要求的结构构件不应小于箍筋直径的 10 倍;

③梁、柱复合箍筋中的单肢箍筋两端弯钩的弯折角度均不应小于 135°,弯折后平直段长度应符合本条第①款对箍筋的有关规定。

检查数量:每工作班同一类型钢筋、同一加工设备抽查不应少于 3 件。

检验方法:尺量。

5.3.4　盘卷钢筋调直后应进行力学性能和重量偏差检验,其强度应符合国家现行有关标准的规定,其断后伸长率、重量偏差应符合表 5.3.4 的规定。力学性能和重量偏差检验应符合下列规定:

①应对 3 个试件先进行重量偏差检验,再取其中 2 个试件进行力学性能检验。

②重量偏差应按下式计算:

$$\Delta = (W_\mathrm{d} - W_\mathrm{o})/W_\mathrm{o} \times 100 \tag{5.3.4}$$

式中　Δ——重量偏差,%;

W_d——3 个调直钢筋试件的实际重量之和,kg;

W_o——钢筋理论重量(kg),取每米理论重量(kg/m)与 3 个调直钢筋试件长度之和(m)的乘积。

③检验重量偏差时,试件切口应平滑并与长度方向垂直,其长度不应小于 500mm;长度和重量的量测精度分别不应低于 1mm 和 1g。

采用无延伸功能的机械设备调直的钢筋,可不进行本条规定的检验。

表5.3.4　　　　　　　　　盘卷钢筋调直后的断后伸长率、重量偏差要求

钢筋牌号	断后伸长率 A/%	重量偏差/%	
		直径 6~12mm	直径 14~16mm
HPB300	≥21	≥-10	—
HRB335、HRBF335	≥16	≥-8	≥-6
HRB400、HRBF400	≥15		
RRB400	≥13		
HRB500、HRBF500	≥14		

注:断后伸长率 A 的量测标距为5倍钢筋直径。

检查数量:同一加工设备、同一牌号、同一规格的调直钢筋,重量不大于30t 为一批,每批见证抽取3个试件。

检验方法:检查抽样检验报告。

(2)一般项目。

5.3.5　钢筋加工的形状、尺寸应符合设计要求,其偏差应符合表5.3.5的规定。

检查数量:每工作班同一类型钢筋、同一加工设备抽查不应少于3件。

检验方法:尺量。

表5.3.5　　　　　　　　　钢筋加工的允许偏差

项目	允许偏差/mm
受力钢筋沿长度方向的净尺寸	±10
弯起钢筋的弯折位置	±20
箍筋外廓尺寸	±5

钢筋连接检验批质量验收记录
[《混凝土结构工程施工质量验收规范》(GB 50204—2015)]

01020204 _____
01020304 _____
01030804 _____
02010203 _____

单位(子单位)工程名称						
分部(子分部)工程名称			分项工程名称			
施工单位		项目负责人			检验批容量	
分包单位		分包单位项目负责人			检验批部位	
施工依据			验收依据			
验收项目			设计要求及规范规定	最小/实际抽样数量	检查记录	检查结果
主控项目	1	钢筋的连接方式	第5.4.1条	/		
	2	机械连接和焊接接头的力学性能、弯曲性能	第5.4.2条	/		
	3	螺纹接头应检验拧紧扭矩值,挤压接头应量测压痕直径	第5.4.3条	/		

续表

单位(子单位) 工程名称					
分部(子分部) 工程名称			分项工程名称		
施工单位		项目负责人		检验批容量	
分包单位		分包单位 项目负责人		检验批部位	
施工依据			验收依据		

验收项目		设计要求及 规范规定	最小/实际 抽样数量	检查记录	检查结果
一般项目	1	钢筋接头的位置	第5.4.4条	/		
	2	钢筋机械连接接头和焊接接头的外观质量	第5.4.5条	/		
	3	机械连接接头和焊接的接头面积百分率	第5.4.6条	/		
	4	当纵向受力钢筋采用绑扎搭接接头时,接头的设置	第5.4.7条	/		
	5	梁、柱类构件的纵向受力钢筋搭接长度范围内箍筋的设置	第5.4.8条	/		

施工单位检查结果	施工员: 质检员: 年　月　日
监理(建设)单位验收结论	专业监理工程师: (建设单位项目专业技术负责人) 年　月　日

【相关知识要点】

钢筋连接检验批质量验收记录[《混凝土结构工程施工质量验收规范》(GB 50204—2015)]相关知识要点如下。

1.检验批划分

3.0.8 混凝土结构工程采用的材料、构配件、器具及半成品应按进场批次进行检验。属于同一工程项目且同期施工的多个单位工程,对同一厂家生产的同批材料、构配件、器具及半成品,可统一划分检验批进行验收。

2.合格标准(略)

3.《混凝土结构工程施工质量验收规范》(GB 50204—2015)质量检验标准条款

(1)主控项目。

5.4.1　钢筋的连接方式应符合设计要求。

检查数量:全数检查。

检验方法:观察检查。

5.4.2　钢筋采用机械连接或焊接连接时,钢筋机械连接接头、焊接接头的力学性能、弯曲性能应符合国家现行相关标准的规定。接头试件应从工程实体中截取。

检查数量:按现行行业标准《钢筋机械连接技术规程》(JGJ 107—2016)和《钢筋焊接及验收规程》(JGJ 18—2012)的规定确定。

检验方法:检查质量证明文件和抽样检验报告。

5.4.3　螺纹接头应检验拧紧扭矩值,挤压接头应量测压痕直径,检验结果应符合现行行业标准《钢筋机械连接技术规程》(JGJ 107—2016)的相关规定。

检查数量:按现行行业标准《钢筋机械连接技术规程》(JGJ 107—2016)的规定确定。

检验方法:采用专用扭力扳手或专用量规检查。

(2)一般项目。

5.4.4　钢筋接头的位置应符合设计和施工方案要求。有抗震设防要求的结构中,梁端、柱端箍筋加密区范围内不应进行钢筋搭接。接头末端至钢筋弯起点的距离不应小于钢筋直径的10倍。

检查数量:全数检查。

检验方法:观察,尺量。

5.4.5　钢筋机械连接接头、焊接接头的外观质量应符合现行行业标准《钢筋机械连接技术规程》(JGJ 107—2016)和《钢筋焊接及验收规程》(JGJ 18—2012)的规定。

检查数量:按现行行业标准《钢筋机械连接技术规程》(JGJ 107—2016)和《钢筋焊接及验收规程》(JGJ 18—2012)的规定确定。

检验方法:观察,尺量。

5.4.6　当纵向受力钢筋采用机械连接接头或焊接接头时,同一连接区段内纵向受力钢筋的接头面积百分率应符合设计要求;当设计无具体要求时,应符合下列规定:

①受拉接头,不宜大于50%;受压接头,可不受限制。

②直接承受动力荷载的结构构件中,不宜采用焊接;当采用机械连接时,不应超过50%。

检查数量:在同一检验批内,对梁、柱和独立基础,应抽查构件数量的10%,且不应少于3件;对墙和板,应按有代表性的自然间抽查10%,且不应少于3间;对大空间结构,墙可按相邻轴线间高度5m左右划分检查面,板可按纵横轴线划分检查面,抽查10%,且均不应少于3面。

检验方法:观察,尺量。

注:

①接头连接区段是指长度为35d且不小于500mm的区段,d为相互连接两根钢筋的直径较小值。

②同一连接区段内纵向受力钢筋接头面积百分率为接头中点位于该连接区段内的纵向受力钢筋截面面积与全部纵向受力钢筋截面面积的比值。

5.4.7　当纵向受力钢筋采用绑扎搭接接头时,接头的设置应符合下列规定:

①接头的横向净间距不应小于钢筋直径,且不应小于25mm。

②同一连接区段内,纵向受拉钢筋的接头面积百分率应符合设计要求;当设计无具体要求时,应符合下列规定:

a.梁类、板类及墙类构件,不宜超过25%;基础筏板,不宜超过50%。

b.柱类构件,不宜超过50%。

c.当工程中确有必要增大接头面积百分率时,对梁类构件,不应大于50%。

检查数量:在同一检验批内,对梁、柱和独立基础,应抽查构件数量的10%,且不应少于3件;对墙和板,应按有代表性的自然间抽查10%,且不应少于3间;对大空间结构,墙可按相邻轴线间高度5m左右划分检查面,板可按纵横轴线划分检查面,抽查10%,且均不应少于3面。

检验方法:观察,尺量。

注:

①接头连接区段是指长度为1.3倍搭接长度的区段。搭接长度取相互连接两根钢筋中较小直径计算。

②同一连接区段内纵向受力钢筋接头面积百分率为接头中点位于该连接区段长度内的纵向受力钢筋截面面积与全部纵向受力钢筋截面面积的比值。

5.4.8　梁、柱类构件的纵向受力钢筋搭接长度范围内箍筋的设置应符合设计要求;当设计无具体要求时,应符合下列规定:

①箍筋直径不应小于搭接钢筋较大直径的1/4;

②受拉搭接区段的箍筋间距不应大于搭接钢筋较小直径的5倍,且不应大于100mm;

③受压搭接区段的箍筋间距不应大于搭接钢筋较小直径的10倍,且不应大于200mm;

④当柱中纵向受力钢筋直径大于25mm时,应在搭接接头两个端面外100mm范围内各设置2个箍筋,其间距宜为50mm。

检查数量:在同一检验批内,应抽查构件数量的10%,且不应少于3件。

检验方法:观察,尺量。

钢筋安装检验批质量验收记录
[《混凝土结构工程施工质量验收规范》(GB 50204—2015)]

01020205 _____
01020305 _____
01030805 _____
02010204 _____

钢筋安装工程
检验批质量
验收记录表
案例

单位(子单位)工程名称					
分部(子分部)工程名称			分项工程名称		
施工单位		项目负责人		检验批容量	
分包单位		分包单位项目负责人		检验批部位	
施工依据			验收依据		
验收项目		设计要求及规范规定	最小/实际抽样数量	检查记录	检查结果
主控项目	1 受力钢筋的牌号、规格和数量	第5.5.1条	/		
	2 受力钢筋的安装位置、锚固方式	第5.5.2条	/		

单位(子单位) 工程名称						
分部(子分部) 工程名称			分项工程名称			
施工单位			项目负责人		检验批容量	
分包单位			分包单位 项目负责人		检验批部位	
施工依据			验收依据			
验收项目			设计要求及 规范规定	最小/实际 抽样数量	检查记录	检查结果
一般项目	1	绑扎 钢筋网	长、宽/mm	±10	/	
			网眼尺寸/mm	±20	/	
	2	绑扎 钢筋 骨架	长/mm	±10	/	
			宽、高/mm	±5	/	
	3	纵向 受力 钢筋	锚固长度/mm	−20	/	
			间距/mm	±10	/	
			排距/mm	±5	/	
		纵向受力 钢筋、 箍筋的 混凝土 保护层 厚度/mm	基础	±10	/	
			柱、梁	±5	/	
			板、墙、壳	±3	/	
	4	绑扎箍筋、横向 钢筋间距/mm		±20	/	
	5	钢筋弯起点位置/mm		20	/	
	6	预埋件	中心线位置/mm	5	/	
			水平高差/mm	+3,0	/	

施工单位检查结果	施工员: 质检员: 年　月　日
监理(建设)单位验收结论	专业监理工程师: (建设单位项目专业技术负责人) 年　月　日

【相关知识要点】

钢筋安装检验批质量验收记录[《混凝土结构工程施工质量验收规范》(GB 50204—2015)]相关知识要点如下。

1.检验批划分

3.0.8　混凝土结构工程采用的材料、构配件、器具及半成品应按进场批次进行检验。属于同一工程项目且同期施工的多个单位工程,对同一厂家生产的同批材料、构配件、器具及半成品,可统一划分检验批进行验收。

2.合格标准(略)

3.《混凝土结构工程施工质量验收规范》(GB 50204—2015)质量检验标准条款

(1)主控项目。

5.5.1　钢筋安装时,受力钢筋的牌号、规格和数量必须符合设计要求。

检查数量:全数检查。

检验方法:观察,尺量。

5.5.2　受力钢筋的安装位置、锚固方式应符合设计要求。

检查数量:全数检查。

检验方法:观察,尺量。

(2)一般项目。

5.5.3　钢筋安装偏差及检验方法应符合表5.5.3的规定。

梁板类构件上部受力钢筋保护层厚度的合格点率应达到90%及90%以上,且不得有超过表中数值1.5倍的尺寸偏差。

检查数量:在同一检验批内,对梁、柱和独立基础,应抽查构件数量的10%,且不应少于3件;对墙和板,应按有代表性的自然间抽查10%,且不应少于3间;对大空间结构,墙可按相邻轴线间高度5m左右划分检查面,板可按纵、横轴线划分检查面,抽查10%,且均不应少于3面。

表5.5.3　　　　　　　　　　　　**钢筋安装允许偏差和检验方法**

项目		允许偏差/mm	检验方法
绑扎钢筋网	长、宽	±10	尺量
	网眼尺寸	±20	尺量连续三档,取最大偏差值
绑扎钢筋骨架	长	±10	尺量
	宽、高	±5	尺量
纵向受力钢筋	锚固长度	−20	尺量
	间距	+10	尺量两端、中间各一点,取最大偏差值尺量
	排距	±5	
纵向受力钢筋、箍筋的混凝土保护层厚度	基础	±10	尺量
	柱、梁	±5	尺量
	板、墙、壳	±3	尺量
绑扎钢筋、横向钢筋间距		±20	尺量连续三档,取最大偏差值
钢筋弯起点位置		20	尺量,沿纵、横两个方向测,并取其中偏差的较大值
预埋件	中心线位置	5	尺量
	水平高差	+3,0	塞尺量测

混凝土原材料检验批质量验收记录
[《混凝土结构工程施工质量验收规范》(GB 50204—2015)]

01020206 _____
01020306 _____
01030806 _____
02010301 _____

单位(子单位)工程名称					
分部(子分部)工程名称			分项工程名称		
施工单位		项目负责人		检验批容量	
分包单位		分包单位项目负责人		检验批部位	
施工依据			验收依据		

验收项目			设计要求及规范规定	最小/实际抽样数量	检查记录	检查结果
主控项目	1	水泥进场检验	第7.2.1条	/		
	2	混凝土外加剂质量及应用	第7.2.2条	/		
一般项目	1	矿物掺和料质量及掺量	第7.2.3条	/		
	2	粗细骨料的质量	第7.2.4条	/		
	3	混凝土拌制及养护用水	第7.2.5条	/		
施工单位检查结果			施工员: 质检员: 年　月　日			
监理(建设)单位验收结论			专业监理工程师: (建设单位项目专业技术负责人) 年　月　日			

【相关知识要点】

混凝土原材料检验批质量验收记录[《混凝土结构工程施工质量验收规范》(GB 50204—2015)]相关知识要点如下。

1.检验批划分

混凝土原材料可根据与施工方式一致且便于控制施工质量的原则,按工作班、楼层结构、施工缝或施工段划分为若干检验批。

7.1.1 混凝土强度应按现行国家标准《混凝土强度检验评定标准》(GB/T 50107—2010)的规定分批检验评定。划入同一检验批的混凝土,其施工持续时间不宜超过3个月。

检验评定混凝土强度时,应采用28d或设计规定龄期的标准养护试件。

2.合格标准(略)

3.《混凝土结构工程施工质量验收规范》(GB 50204—2015)质量检验标准条款

(1)主控项目。

7.2.1 水泥进场时,应对其品种、代号、强度等级、包装或散装仓号、出厂日期等进行检查,并应对水泥的强度、安定性和凝结时间进行检验,检验结果应符合现行国家标准《通用硅酸盐水泥》(GB 175—2007)的相关规定。

检查数量:按同一厂家、同一品种、同一代号、同一强度等级、同一批号且连续进场的水泥,袋装不超过200t为一批,散装不超过500t为一批,每批抽样数量不应少于一次。

检验方法:检查质量证明文件和抽样检验报告。

7.2.2 混凝土外加剂进场时,应对其品种、性能、出厂日期等进行检查,并应对外加剂的相关性能指标进行检验,检验结果应符合现行国家标准《混凝土外加剂》(GB 8076—2008)和《混凝土外加剂应用技术规范》(GB 50119—2013)的规定。

检查数量:按同一厂家、同一品种、同一性能、同一批号且连续进场的混凝土外加剂,不超过50t为一批,每批抽样数最不应少于一次。

检验方法:检查质量证明文件和抽样检验报告。

(2)一般项目。

7.2.3 混凝土用矿物掺和料进场时,应对其品种、性能、出厂日期等进行检查,并应对矿物掺和料的相关性能指标进行检验,检验结果应符合国家现行有关标准的规定。

检查数量:按同一厂家、同一品种、同一批号且连续进场的矿物掺和料,粉煤灰、矿渣粉、磷渣粉、钢铁渣粉和复合矿物掺和料不超过200t为一批,沸石粉不超过120t为一批,硅灰不超过30t为一批,每批抽样数量不应少于一次。

检验方法:检查质量证明文件和抽样检验报告。

7.2.4 混凝土原材料中的粗骨料、细骨料质量应符合现行行业标准《普通混凝土用砂、石质量及检验方法标准》(JGJ 52—2006)的规定,使用经过净化处理的海砂应符合现行行业标准《海砂混凝土应用技术规范》(JCJ 206—2010)的规定,再生混凝土骨料应符合现行国家标准《混凝土用再生粗骨料》(GB/T 25177—2010)和《混凝土和砂浆用再生细骨料》(GB/T 25176—2010)的规定。

检查数量:按现行行业标准《普通混凝土用砂、石质量及检验方法标准》(JGJ 52—2010)的规定确定。

检验方法:检查抽样检验报告。

7.2.5 混凝土拌制及养护用水应符合现行行业标准《混凝土用水标准》(JGJ 63—2006)的规定。采用饮用水作为混凝土用水时,可不检验;采用中水、搅拌站清洗水、施工现场循环水等其他水源时,应对其成分进行检验。

检查数量:同一水源检查不应少于一次。

检验方法:检查水质检验报告。

混凝土拌合物检验批质量验收记录
[《混凝土结构工程施工质量验收规范》(GB 50204—2015)]

01020207 _____
01020307 _____
01030807 _____
02010302 _____

单位(子单位)工程名称							
分部(子分部)工程名称				分项工程名称			
施工单位			项目负责人		检验批容量		
分包单位			分包单位项目负责人		检验批部位		
施工依据				验收依据			

	验收项目		设计要求及规范规定	最小/实际抽样数量	检查记录	检查结果
主控项目	1	预拌混凝土质量	第7.3.1条	/		
	2	混凝土拌和物不应离析	第7.3.2条	/		
	3	混凝土中氯离子含量和碱总含量	第7.3.3条	/		
	4	首次使用的混凝土配合比应进行开盘鉴定	第7.3.4条	/		
一般项目	1	混凝土拌和物稠度	第7.3.5条	/		
	2	混凝土有耐久性指标要求时,应进行耐久性检验	第7.3.6条	/		
	3	混凝土有抗冻要求时,应进行含气量检验	第7.3.7条	/		
施工单位检查结果		施工员: 质检员: 年 月 日				
监理(建设)单位验收结论		专业监理工程师: (建设单位项目专业技术负责人) 年 月 日				

【相关知识要点】

混凝土拌合物检验批质量验收记录［《混凝土结构工程施工质量验收规范》(GB 50204—2015)］相关知识要点如下。

1. 检验批划分

混凝土拌合物可根据与施工方式一致且便于控制施工质量的原则，按工作班、楼层结构、施工缝或施工段划分为若干检验批。

2. 合格标准(略)

3.《混凝土结构工程施工质量验收规范》(GB 50204—2015)质量检验标准条款

(1)主控项目。

7.3.1　预拌混凝土进场时，其质量应符合现行国家标准《预拌混凝土》(GB/T 14902—2012)的规定。

检查数量：全数检查。

检验方法：检查质量证明文件。

7.3.2　混凝土拌和物不应离析。

检查数量：全数检查。

检验方法：观察。

7.3.3　混凝土中氯离子含量和碱总含量应符合现行国家标准《混凝土结构设计规范(2015 年版)》(GB 50010—2012)的规定和设计要求。

检查数量：同一配合比的混凝土检查不应少于一次。

检验方法：检查原材料试验报告和氯离子、碱的总含量计算书。

7.3.4　首次使用的混凝土配合比应进行开盘鉴定，其原材料、强度、凝结时间、稠度等应满足设计配合比的要求。

检查数量：同一配合比的混凝土检查不应少于一次。

检验方法：检查开盘鉴定资料和强度试验报告。

(2)一般项目。

7.3.5　混凝土拌合物稠度应满足施工方案的要求。

检查数量：对同一配合比的混凝土，取样应符合下列规定：

①每拌制 100 盘且不超过 100m³ 时，取样不得少于一次；

②每工作班拌制不足 100 盘时，取样不得少于一次；

③每次连续浇筑超过 1000m³ 时，每 200m³ 取样不得少于一次；

④每一楼层取样不得少于一次。

检验方法：检查稠度抽样检验记录。

7.3.6　混凝土有耐久性指标要求时，应在施工现场随机抽取试件进行耐久性检验，其检验结果应符合现行国家有关标准的规定和设计要求。

检查数量：同一配合比的混凝土，取样不应少于一次，留置试件数量应符合现行国家标准《普通混凝土长期性能和耐久性能试验方法标准》(GB/T 50082—2009)和《混凝土耐久性检验评定标准》(JGJ/T 193—2009)的规定。

检验方法：检查试件耐久性试验报告。

7.3.7　混凝土有抗冻要求时，应在施工现场进行混凝土含气量检验，其检验结果应符合国家现行有关标准的规定和设计要求。

检查数量：同一配合比的混凝土，取样不应少于一次，取样数量应符合现行国家标准《普通混凝土拌合物性能试验方法标准》(GB/T 50080—2016)的规定。

检验方法：检查混凝土含气量检验报告。

混凝土施工检验批质量验收记录表案例

混凝土施工检验批质量验收记录
[《混凝土结构工程施工质量验收规范》(GB 50204—2015)]

01020208 _____
01020308 _____
01030808 _____
02010303 _____

单位(子单位)工程名称					
分部(子分部)工程名称			分项工程名称		
施工单位		项目负责人		检验批容量	
分包单位		分包单位项目负责人		检验批部位	
施工依据			验收依据		

验收项目			设计要求及规范规定	最小/实际抽样数量	检查记录	检查结果
主控项目	1	混凝土强度等级及试件的取样和留置	第7.4.1条	/		
一般项目	1	后浇带和施工缝的留设及处理方法	第7.4.2条	/		
	2	混凝土浇筑完毕后的养护措施	第7.4.3条	/		

施工单位检查结果	施工员： 质检员： 　　　　　　　　　　　年　月　日
监理(建设)单位验收结论	专业监理工程师： (建设单位项目专业技术负责人) 　　　　　　　　　　　年　月　日

注:本表填写日期为28d后的日期,相应现场验收检查原始记录填写日期为浇捣日期。

【相关知识要点】

混凝土施工检验批质量验收记录[《混凝土结构工程施工质量验收规范》(GB 50204—2015)]相关知识要点如下。

1. 检验批划分

混凝土施工可根据与施工方式一致且便于控制施工质量的原则,按工作班、楼层结构、施工缝或施工段划分为若干检验批。

2. 合格标准(略)

3.《混凝土结构工程施工质量验收规范》(GB 50204—2015)质量检验标准条款

(1)主控项目。

7.4.1 混凝土的强度等级必须符合设计要求。用于检验混凝土强度的试件应在浇筑地点随机抽取。

检查数量：对同一配合比混凝土，取样与试件留置应符合下列规定：

①每拌制 100 盘且不超过 100m³ 时，取样不得少于一次；

②每工作班拌制不足 100 盘时，取样不得少于一次；

③连续浇筑超过 1000m³ 时，每 200m³ 取样不得少于一次；

④每一楼层取样不得少于一次；

⑤每次取样应至少留置一组试件。

检验方法：检查施工记录及混凝土强度试验报告。

（2）一般项目。

7.4.2 后浇带的留设位置应符合设计要求，后浇带和施工缝的留设及处理方法应符合施工方案要求。

检查数量：全数检查。

检验方法：观察检查。

7.4.3 混凝土浇筑完毕后应及时进行养护，养护时间以及养护方法应符合施工方案要求。

检查数量：全数检查。

检验方法：观察检查，检查混凝土养护记录。

现浇结构外观质量、位置和尺寸偏差检验批质量验收记录
［《混凝土结构工程施工质量验收规范》(GB 50204—2015)］

010202091 _____
01020309 _____
02010501 _____

现浇结构外观及
尺寸偏差检验批
质量验收记录表
案例

单位(子单位)工程名称						
分部(子分部)工程名称			分项工程名称			
施工单位		项目负责人		检验批容量		
分包单位		分包单位项目负责人		检验批部位		
施工依据			验收依据			

		验收项目	设计要求及规范规定	最小/实际抽样数量	检查记录	检查结果
主控项目	1	现浇结构的外观质量不应有严重缺陷	第8.2.1条	/		
	2	现浇结构不应有影响结构性能或使用功能的尺寸偏差	第8.3.1条	/		
一般项目	1	现浇结构的外观质量不应有一般缺陷	第8.2.2条	/		
	2	轴线位置/mm	整体基础	15	/	
			独立基础	10	/	
			柱、墙、梁	8	/	

续表

单位(子单位) 工程名称							
分部(子分部) 工程名称				分项工程名称			
施工单位			项目负责人			检验批容量	
分包单位			分包单位 项目负责人			检验批部位	
施工依据				验收依据			

验收项目				设计要求及 规范规定	最小/实际 抽样数量	检查记录	检查结果
一般项目	3	垂直度/mm	层高	≤6m	10	/	
				>6m	12	/	
			全高(H)≤300m	$H/30000+20$ ($H=$ mm)	/		
			全高(H)>300m	$H/10000$ 且≤80 ($H=$ mm)	/		
	4	标高/mm	层高	±10	/		
			全高	±30	/		
	5	截面尺寸/mm	基础	+15,-10	/		
			柱、梁、板、墙	+10,-5	/		
			楼梯相邻踏步高差	6	/		
	6	电梯井/mm	中心位置	10	/		
			长、宽尺寸	+25,0	/		
	7	表面平整度/mm		8	/		
	8	预埋件中心位置/mm	预埋板	10	/		
			预埋螺栓	5	/		
			预埋管	5	/		
			其他	10	/		
	9	预留洞、孔中心线位置/mm		15	/		

施工单位检查结果	施工员： 质检员： 年 月 日
监理(建设)单位验收结论	专业监理工程师： (建设单位项目专业技术负责人) 年 月 日

【相关知识要点】

现浇结构外观质量、位置和尺寸偏差检验批质量验收记录[《混凝土结构工程施工质量验收规范》(GB 50204—2015)]相关知识要点如下。

1. 检验批划分

现浇结构的外观及尺寸偏差,可根据与施工方式一致且便于控制施工质量的原则,按工作班、楼层结构、施工缝或施工段划分为若干检验批。

2. 合格标准(略)

3.《混凝土结构工程施工质量验收规范》(GB 50204—2015)质量检验标准条款

8.2 外观质量

(1)主控项目。

8.2.1 现浇结构的外观质量不应有严重缺陷。

对已经出现的严重缺陷,应由施工单位提出技术处理方案,并经监理单位认可后进行处理;对裂缝、连接部位出现的严重缺陷及其他影响结构安全的严重缺陷,技术处理方案尚应经设计单位认可。对经处理的部位应重新验收。

检查数量:全数检查。

检验方法:观察,检查处理记录。

(2)一般项目。

8.2.2 现浇结构的外观质量不应有一般缺陷。

对已经出现的一般缺陷,应由施工单位按技术处理方案进行处理。对经处理的部位应重新验收。

检查数量:全数检查。

检验方法:观察,检查处理记录。

8.3 位置和尺寸偏差

(1)主控项目。

8.3.1 现浇结构不应有影响结构性能或使用功能的尺寸偏差;混凝土设备基础不应有影响结构性能和设备安装的尺寸偏差。

对超过尺寸允许偏差且影响结构性能和安装、使用功能的部位,应由施工单位提出技术处理方案,经监理、设计单位认可后进行处理。对经处理的部位应重新验收。

检查数量:全数检查。

检验方法:量测,检查处理记录。

(2)一般项目。

8.3.2 现浇结构的位置、尺寸允许偏差及检验方法应符合表 8.3.2 的规定。

表 8.3.2　　　　　　　　　　　　现浇结构位置、尺寸允许偏差及检验方法

项目			允许偏差/mm	检验方法
轴线位置	整体基础		15	经纬仪及尺量
	独立基础		10	经纬仪及尺量
	柱、墙、梁		8	尺量
垂直度	柱、墙层高	≤6m	10	经纬仪或吊线、尺量
		>6m	12	经纬仪或吊线、尺量
	全高(H)≤300m		$H/30000+20$	经纬仪、尺量
	全高(H)>300m		$H/10000$ 且≤80	经纬仪、尺量
标高	层高		±10	水准仪或拉线、尺量
	全高		±30	水准仪或拉线、尺量

项目		允许偏差/mm	检验方法
截面尺寸	基础	+15，−10	尺量
	柱、梁、板、墙	+10，−5	尺量
	楼梯相邻踏步高差	±6	尺量
电梯井洞	中心位置	10	尺量
	长、宽尺寸	+25，0	尺量
表面平整度		8	2m靠尺和塞尺量测
预埋件中心位置	预埋板	10	尺量
	预埋螺栓	5	尺量
	预埋管	5	尺量
	其他	10	尺量
预留洞、孔中心线位置		15	尺量

注：1. 检查轴线、中心线位置时，沿纵、横两个方向测量，并取其中偏差的较大值。

2. H 为全高，单位为mm。

检查数量：按楼层、结构缝或施工段划分检验批。在同一检验批内，对梁、柱和独立基础，应抽查构件数量的10%，且不应少于3件；对墙和板，应按有代表性的自然间抽查10%，且不应少于3间；对大空间结构，墙可按相邻轴线间高度5m左右划分检查面，板可按纵、横轴线划分检查面，抽查10%，且均不应少于3面；对电梯井，应全数检查。

砖砌体检验批质量验收记录
[《砌体结构工程施工质量验收规范》(GB 50203—2011)]

01020101 _____

01020211 _____

01020311 _____

02020101 _____

单位(子单位)工程名称							
分部(子分部)工程名称				分项工程名称			
施工单位			项目负责人			检验批容量	
分包单位			分包单位项目负责人			检验批部位	
施工依据				验收依据			
验收项目			设计要求及规范规定	最小/实际抽样数量	检查记录		检查结果
主控项目	1	砖强度等级必须符合设计要求	设计要求 MU	/			
	2	砂浆强度等级必须符合设计要求	设计要求 M	/			
	3	砂浆饱满度	墙水平灰缝	≥80%	/		
			柱水平及竖向灰缝	≥90%	/		
	4	转角、交接处	第5.2.3条	/			
		斜槎留置	第5.2.3条	/			

单位（子单位）工程名称							
分部（子分部）工程名称				分项工程名称			
施工单位			项目负责人			检验批容量	
分包单位			分包单位项目负责人			检验批部位	
施工依据				验收依据			
验收项目			设计要求及规范规定	最小/实际抽样数量	检查记录		检查结果
主控项目	5	直槎拉结钢筋及接槎处理	第5.2.4条	/			
一般项目	1	组砌方法	5.3.1条	/			
	2	水平灰缝厚度	8～12mm	/			
	3	竖向灰缝宽度	8～12mm	/			
	4	轴线位移	10mm	/			
	5	基础、墙、柱顶面标高	±15mm	/			
	6	墙面垂直度　每层	5mm	/			
		全高 ≤10m	10mm	/			
		全高 >10m	20mm	/			
	7	表面平整度　清水墙柱	5mm	/			
		混水墙柱	8mm	/			
	8	水平灰缝平直度　清水墙	7mm	/			
		混水墙	10mm	/			
	9	门窗洞口高、宽（后塞口）	±10mm	/			
	10	外墙上下窗口偏移	20mm	/			
	11	清水墙游丁走缝	20mm	/			
施工单位检查结果			施工员： 质检员： 　　　　　　　　　　　　　　年　月　日				
监理（建设）单位验收结论			专业监理工程师： （建设单位项目专业技术负责人） 　　　　　　　　　　　　　　年　月　日				

【相关知识要点】

砖砌体检验批质量验收记录[《砌体结构工程施工质量验收规范》(GB 50203—2011)]相关知识要点如下。

1.检验批划分

3.0.20　砌体结构工程检验批的划分应同时符合下列规定：

①所用材料类型及同类型材料的强度等级相同；

②不超过250m³砌体；

③主体结构砌体一个楼层(基础砌体可按一个楼层计)；填充墙砌体量少时可多个楼层合并。

2.合格标准

3.0.21　砌体结构工程检验批验收时，其主控项目应全部符合本规范的规定；一般项目应有80％及80％以上的抽检处符合本规范的规定；有允许偏差的项目，最大超差值为允许偏差值的1.5倍。

3.0.22　砌体结构分项工程中检验批抽检时，各抽检项目的样本最小容量除有特殊要求外，按不小于5确定。

3.《砌体结构工程施工质量验收规范》(GB 50203—2011)质量检验标准条款

(1)主控项目。

5.2.1　砖和砂浆的强度等级必须符合设计要求。

抽检数量：每一生产厂家，烧结普通砖、混凝土实心砖每15万块，烧结多孔砖、混凝土多孔砖、蒸压灰砂砖及蒸压粉煤灰砖每10万块各为一验收批，不足上述数量时按1批计，抽检数量为1组。砂浆试块的抽检数量执行本规范第4.0.12条的有关规定。

检验方法：检查砖和砂浆试块试验报告。

5.2.2　砌体灰缝砂浆应密实饱满，砖墙水平灰缝的砂浆饱满度不得低于80％；砖柱水平灰缝和竖向灰缝饱满度不得低于90％。

抽检数量：每检验批抽查不应少于5处。

检验方法：用百格网检查砖底面与砂浆的黏结痕迹面积。每处检测3块砖，取其平均值。

5.2.3　砖砌体的转角处和交接处应同时砌筑，严禁无可靠措施的内外墙分砌施工。在抗震设防烈度为8度及8度以上的地区，对不能同时砌筑而又必须留置的临时间断处应砌成斜槎，普通砖砌体斜槎水平投影长度不应小于高度的2/3。多孔砖砌体的斜槎长高比不应小于1/2。斜槎高度不得超过一步脚手架的高度。

抽检数量：每检验批抽查不应少于5处。

检验方法：观察检查。

5.2.4　非抗震设防及抗震设防烈度为6度、7度地区的临时间断处，当不能留斜槎时，除转角处外，可留直槎，但直槎必须做成凸槎，且应加设拉结钢筋，拉结钢筋应符合下列规定：

①每120mm墙厚放置1φ6拉结钢筋(120mm厚墙应放置2φ6拉结钢筋)；

②间距沿墙高不应超过500mm，且竖向间距偏差不应超过100mm；

③埋入长度从留槎处算起每边均不应小于500mm，对抗震设防烈度为6度、7度的地区，不应小于1000mm；

④末端应有90°弯钩。

抽检数量：每检验批抽查不应少于5处。

检验方法：观察和尺量检查。

(2)一般项目。

5.3.1　砖砌体组砌方法应正确，内外搭砌，上、下错缝。清水墙、窗间墙无通缝；混水墙中不得有长度大于300mm的通缝，长度为200～300mm的通缝每间不超过3处，且不得位于同一面墙体上。砖柱不得采用包心砌法。

抽检数量：每检验批抽查不应少于5处。

检验方法：观察检查。砌体组砌方法抽检每处应为3～5m。

5.3.2　砖砌体的灰缝应横平竖直,厚薄均匀。水平灰缝厚度及竖向灰缝宽度宜为10mm,但不应小于8mm,也不应大于12mm。

抽检数量:每检验批抽查不应少于5处。

检验方法:水平灰缝厚度用尺量10皮砖砌体高度折算。竖向灰缝宽度用尺量2m砌体长度折算。

5.3.3　砖砌体尺寸、位置的允许偏差及检验应符合表5.3.3的规定。

表5.3.3　　砖砌体尺寸、位置的允许偏差及检验

序号	项目			允许偏差/mm	检验方法	抽检数量
1	轴线位移			10	用经纬仪和尺或用其他测量仪器检查	承重墙、柱全数检查
2	基础、墙、柱顶面标高			±15	用水准仪和尺检查	不应少于5处
3	墙面垂直度	每层		5	用2m托线板检查	不应少于5处
		全高	10m	10	用经纬仪、吊线和尺或其他测量仪器检查	外墙全部阳角
			10m	20		
4	表面平整度	清水墙、柱		5	用2m靠尺和楔形塞尺检查	不应少于5处
		混水墙、柱		8		
5	水平灰缝平直度	清水墙		7	拉5m线和尺检查	不应少于5处
		混水墙		10		
6	门窗洞口高、宽(后塞口)			±10	用尺检查	不应少于5处
7	外墙上、下窗口偏移			20	以底层窗口为准,用经纬仪或吊线检查	不应少于5处
8	清水墙游丁走缝			20	以每层第一皮砖为准,用吊线和尺检查	不应少于5处

填充墙砌体检验批质量验收记录
[《砌体结构工程施工质量验收规范》(GB 50203—2011)]

01020215 _____
01020315 _____
02020501 _____

填充墙砌体工程
检验批质量验收
记录表案例

单位(子单位)工程名称						
分部(子分部)工程名称			分项工程名称			
施工单位		项目负责人			检验批容量	
分包单位		分包单位项目负责人			检验批部位	
施工依据			验收依据			
验收项目		设计要求及规范规定	最小/实际抽样数量	检查记录		检查结果
主控项目	1 块材强度等级	设计要求 MU	/			
	2 砂浆强度等级	设计要求 M	/			
	3 与主体结构连接	第9.2.2条				
	4 植筋实体检测	第9.2.3条	/			

单位(子单位)工程名称						
分部(子分部)工程名称			分项工程名称			
施工单位		项目负责人		检验批容量		
分包单位		分包单位项目负责人		检验批部位		
施工依据			验收依据			

	验收项目		设计要求及规范规定	最小/实际抽样数量	检查记录	检查结果
一般项目	1	轴线位移		10mm	/		
	2	墙面垂直度(每层)	≤3m	5mm	/		
			>3m	10mm	/		
	3	表面平整度		8mm	/		
	4	门窗洞口高、宽(后塞口)		±10m	/		
	5	外墙上、下窗口偏移		20mm	/		
	6	空心砖砌体砂浆饱满度	水平	80%	/		
			垂直	第9.3.2条	/		
	7	蒸压加气混凝土砌块、轻骨料混凝土小型空心砌块砌体砂浆饱满度	水平	≥80%	/		
			垂直	≥80%	/		
	8	拉结钢筋、网片位置		第9.3.3条	/		
	9	拉结钢筋、网片埋置长度		第9.3.3条	/		
	10	搭砌长度		第9.3.4条	/		
	11	水平灰缝厚度		第9.3.5条	/		
	12	竖向灰缝宽度		第9.3.5条	/		

施工单位检查结果	施工员： 质检员： 年 月 日
监理(建设)单位验收结论	专业监理工程师： (建设单位项目专业技术负责人) 年 月 日

【相关知识要点】

填充墙砌体检验批质量验收记录[《砌体结构工程施工质量验收规范》(GB 50203—2011)]相关知识要点如下。

1.检验批划分

3.0.20　砌体结构工程检验批的划分应同时符合下列规定：

①所用材料类型及同类型材料的强度等级相同；

②不超过 250m³ 砌体；

③主体结构砌体一个楼层(基础砌体可按一个楼层计)；填充墙砌体量少时可多个楼层合并。

2.合格标准

3.0.21　砌体结构工程检验批验收时，其主控项目应全部符合本规范的规定；一般项目应有80％及80％以上的抽检处符合本规范的规定；有允许偏差的项目，最大超差值为允许偏差值的1.5倍。

3.0.22　砌体结构分项工程中检验批抽检时，各抽检项目的样本最小容量除有特殊要求外，按不小于5确定。

3.《砌体结构工程施工质量验收规范》(GB 50203—2011)质量检验标准条款

(1)主控项目。

9.2.1　烧结空心砖、小砌块和砌筑砂浆的强度等级应符合设计要求。

抽检数量：烧结空心砖每10万块为一验收批，小砌块每1万块为一验收批，不足上述数量时按一批计，抽检数量为一组。砂浆试块的抽检数量执行本规范第4.0.12条的有关规定。

检验方法：检查砖、小砌块进场复验报告和砂浆试块试验报告。

9.2.2　填充墙砌体应与主体结构可靠连接，其连接构造应符合设计要求，未经设计同意，不得随意改变连接构造方法。每一填充墙与柱的拉结钢筋的位置超过一皮块体高度的数量不得多于一处。

抽检数量：每检验批抽查不应少于5处。

检验方法：观察检查。

9.2.3　填充墙与承重墙、柱、梁的连接钢筋，当采用化学植筋的连接方式时，应进行实体检测。锚固钢筋拉拔试验的轴向受拉非破坏承载力检验值应为6.0kN。抽检钢筋在检验值作用下应基材无裂缝、钢筋无滑移宏观裂损现象；持荷2min期间荷载值降低不大于5％。检验批验收可按本规范表 B.0.1 通过正常检验一次、二次抽样判定。填充墙砌体植筋锚固力检测记录可按本规范表 C.0.1 填写。

抽检数量：按表9.2.3确定。

表9.2.3　　　　　　　　　　　**检验批抽检锚固钢筋样本最小容量**

检验批的容量	样本最小容量	检验批的容量	样本最小容量
≤90	5	281～500	20
91～150	8	501～1200	32
151～280	13	1201～3200	50

检验方法：原位试验检查。

(2)一般项目。

9.3.1　填充墙砌体尺寸、位置的允许偏差及检验方法应符合表9.3.1的规定。

表9.3.1 填充墙砌体尺寸、位置的允许偏差及检验方法

序号	项目		允许偏差/mm	检验方法
1	轴线位移		10	用尺检查
2	垂直度（每层）	≤3m	5	用2m托线板或吊线、尺检查
		>3m	10	
3	表面平整度		8	用2m靠尺和楔形尺检查
4	门窗洞口高、宽(后塞口)		±10	用尺检查
5	外墙上、下窗口偏移		20	用经纬仪或吊线检查

抽检数量：每检验批抽查不应少于5处。

9.3.2 填充墙砌体的砂浆饱满度及检验方法应符合表9.3.2的规定。

表9.3.2 填充墙砌体的砂浆饱满度及检验方法

砌体分类	灰缝	饱满度及要求	检验方法
空心砖砌体	水平	≥80%	采用百格网检查块体底面或侧面砂浆的黏结痕迹面积
	垂直	填满砂浆，不得有透明缝、瞎缝、假缝	
蒸压加气混凝土砌块、轻骨料混凝土小型空心砌块砌体	水平	≥80%	
	垂直	≥80%	

抽检数量：每检验批抽查不应少于5处。

9.3.3 填充墙留置的拉结钢筋或网片的位置应与块体皮数相符合。拉结钢筋或网片应置于灰缝中，埋置长度应符合设计要求，竖向位置偏差不应超过一皮高度。

抽检数量：每检验批抽查不应少于5处。

检验方法：观察和用尺量检查。

9.3.4 砌筑填充墙时应错缝搭砌，蒸压加气混凝土砌块搭砌长度不应小于砌块长度的1/3；轻骨料混凝土小型空心砌块搭砌长度不应小于90mm；竖向通缝不应大于2皮。

抽检数量：每检验批抽检不应少于5处。

检查方法：观察检查。

9.3.5 填充墙的水平灰缝厚度和竖向灰缝宽度应正确。烧结空心砖、轻骨料混凝土小型空心砌块砌体的灰缝应为8～12mm。对于蒸压加气混凝土砌块砌体，当采用水泥砂浆、水泥混合砂浆或蒸压加气混凝土砌块砌筑砂浆时，水平灰缝厚度及竖向灰缝宽度不应超过15mm；当蒸压加气混凝土砌块砌体采用蒸压加气混凝土砌块黏结砂浆时，水平灰缝厚度和竖向灰缝宽度宜为3～4mm。

抽检数量：每检验批抽查不应少于5处。

检查方法：水平灰缝厚度用尺量5皮小砌块的高度折算；竖向灰缝宽度用尺量2m砌体长度折算。

防腐涂料涂装检验批质量验收记录
[《钢结构工程施工质量验收规范》(GB 50205—2001)]

01020411 _____
02031001 _____

单位(子单位)工程名称						
分部(子分部)工程名称			分项工程名称			
施工单位		项目负责人			检验批容量	
分包单位		分包单位项目负责人			检验批部位	
施工依据			验收依据			

验收项目		设计要求及规范规定	最小/实际抽样数量	检查记录	检查结果
主控项目	1 涂料性能	第 4.9.1 条	/		
	2 涂装基层验收	第 14.2.1 条	/		
	3 涂层厚度	第 14.2.2 条	/		
一般项目	1 涂料质量	第 4.9.3 条	/		
	2 表面质量	第 14.2.3 条	/		
	3 附着力测试	第 14.2.4 条	/		
	4 标志	第 14.2.5 条	/		
施工单位检查结果	施工员： 质检员： 年 月 日				
监理(建设)单位验收结论	专业监理工程师： (建设单位项目专业技术负责人) 年 月 日				

【相关知识要点】

防腐涂料涂装检验批质量验收记录[《钢结构工程施工质量验收规范》(GB 50205—2001)]相关知识要点如下。

1.检验批划分

钢结构防腐涂料(油漆类)涂装工程可按钢结构制作或钢结构安装工程检验批的划分原则划分成一个或若干个检验批。

单层钢结构安装工程可按变形缝或空间刚度单元等划分成一个或若干个检验批。地下钢结构可按不同地下层划分检验批。

钢网架结构安装工程可按变形缝、施工段或空间刚度单元划分成一个或若干个检验批。

压型金属板的制作和安装工程可按变形缝、楼层、施工段或屋面、墙面、楼面等划分为一个或若干个检验批。

2.合格标准

3.0.5 分项工程检验批合格质量标准应符合下列规定：

①主控项目必须符合本规范合格质量标准的要求；

②一般项目的检验结果应有80％及80％以上的检查点(值)符合本规范合格质量标准的要求,且最大值不应超过其允许偏差值的1.2倍。

③质量检查记录、质量证明文件等资料应完整。

3.《钢结构工程施工质量验收规范》(GB 50205—2001)相关质量检验标准条款

(1)主控项目。

4.9.1 钢结构防腐涂料、稀释剂和固化剂等材料的品种、规格、性能等应符合现行国家产品标准和设计要求。

检查数量:全数检查。

检验方法:检查产品的质量合格证明文件、中文标志及检验报告等。

14.2.1 涂装前钢材表面除锈应符合设计要求和国家现行有关标准的规定。处理后的钢材表面不应有焊渣、焊疤、灰尘、油污、水和毛刺等。当设计无要求时,钢材表面除锈等级应符合表14.2.1的规定。

表 14.2.1　　　　　　　　　　各种底漆或防锈漆要求最低的除锈等级

涂料品种	除锈等级
油性酚醛、醇酸等底漆或防锈漆	St2
高氯化聚乙烯、氯化橡胶、氯磺化聚乙烯、环氧树脂、聚氨酯等底漆或防锈漆	Sa2
无机富锌、有机硅、过氯乙烯等底漆	$Sa2\frac{1}{2}$

检查数量:按构件数抽查10％,且同类构件不应少于3件。

检验方法:用铲刀检查和用现行国家标准《涂覆涂料前钢材表面处理　表面清洁度的目视评定　第1部分:未涂覆过的钢材表面和全面清除原有涂层的钢材表面的锈蚀等级和处理等级》(GB/T 8923.1—2011)规定的图片对照观察检查。

14.2.2 涂料、涂装遍数、涂层厚度均应符合设计要求。当设计对涂层厚度无要求时,涂层干漆膜总厚度:室外应为150μm,室内应为125μm,其允许偏差为—25μm。每遍涂层干漆膜厚度的允许偏差为—5μm。

检查数量:按构件数抽查10％,且同类构件不应少于3件。

检验方法:用干漆膜测厚仪检查。每个构件检测5处,每处的数值为3个相距50mm测点涂层干漆膜厚度的平均值。

(2)一般项目。

4.9.3 防腐涂料和防火涂料的型号、名称、颜色及有效期应与其质量证明文件相符。开启后,不应存在结皮、结块、凝胶等现象。

检查数量:按桶数抽查5％,且不应少于3桶。

检验方法:观察检查。

14.2.3 构件表面不应误涂、漏涂,涂层不应脱皮和返锈等。涂层应均匀,无明显皱皮、流坠、针眼和气泡等。

检查数量:全数检查。

检验方法:观察检查。

14.2.4 当钢结构处在有腐蚀介质环境或外露且设计有要求时,应进行涂层附着力测试,在检测处范围内,当涂层完整程度达到70％以上时,涂层附着力达到合格质量标准的要求。

检查数量:按构件数抽查1％,且不应少于3件,每件测3处。

检验方法:按照现行国家标准《漆膜附着力测定法》(GB 1720—1979)或《色漆和清漆　漆膜的划格试验》(GB/T 9286—1998)执行。

14.2.5 涂装完成后,构件的标志、标记和编号应清晰完整。

检查数量:全数检查。

检验方法:观察检查。

防火涂料涂装检验批质量验收记录

[《钢结构工程施工质量验收规范》(GB 50205—2001)]

01020412 _____

02031101 _____

<table>
<tr><td>单位(子单位)
工程名称</td><td colspan="6"></td></tr>
<tr><td>分部(子分部)
工程名称</td><td colspan="2"></td><td>分项工程名称</td><td colspan="3"></td></tr>
<tr><td>施工单位</td><td colspan="2"></td><td>项目负责人</td><td></td><td>检验批容量</td><td></td></tr>
<tr><td>分包单位</td><td colspan="2"></td><td>分包单位
项目负责人</td><td></td><td>检验批部位</td><td></td></tr>
<tr><td>施工依据</td><td colspan="2"></td><td colspan="2">验收依据</td><td colspan="2"></td></tr>
<tr><td colspan="3">验收项目</td><td>设计要求及
规范规定</td><td>最小/实际
抽样数量</td><td>检查记录</td><td>检查结果</td></tr>
<tr><td rowspan="5">主控
项目</td><td>1</td><td>涂料性能</td><td>第4.9.2条</td><td>/</td><td></td><td></td></tr>
<tr><td>2</td><td>涂装基层验收</td><td>第14.3.1条</td><td>/</td><td></td><td></td></tr>
<tr><td>3</td><td>强度试验</td><td>第14.3.2条</td><td>/</td><td></td><td></td></tr>
<tr><td>4</td><td>涂层厚度</td><td>第14.3.3条</td><td>/</td><td></td><td></td></tr>
<tr><td>5</td><td>表面裂纹</td><td>第14.3.4条</td><td>/</td><td></td><td></td></tr>
<tr><td rowspan="3">一般
项目</td><td>1</td><td>产品质量</td><td>第4.9.3条</td><td>/</td><td></td><td></td></tr>
<tr><td>2</td><td>基层表面</td><td>第14.3.5条</td><td>/</td><td></td><td></td></tr>
<tr><td>3</td><td>涂层表面质量</td><td>第14.3.6条</td><td>/</td><td></td><td></td></tr>
<tr><td colspan="3">施工单位检查结果</td><td colspan="4">施工员：

质检员：

　　　　　　　　　　　年　月　日</td></tr>
<tr><td colspan="3">监理(建设)单位验收结论</td><td colspan="4">专业监理工程师：
(建设单位项目专业技术负责人)

　　　　　　　　　　　年　月　日</td></tr>
</table>

【相关知识要点】

防火涂料涂装检验批质量验收记录[《钢结构工程施工质量验收规范》(GB 50205—2001)]相关知识要点如下。

1.检验批划分

钢结构防火涂料涂装工程可按钢结构制作或钢结构安装工程检验批的划分原则划分成一个或若干个检验批。

单层钢结构安装工程可按变形缝或空间刚度单元等划分成一个或若干个检验批。地下钢结构可按不同地下层划分检验批。

钢网架结构安装工程可按变形缝、施工段或空间刚度单元划分成一个或若干检验批。

压型金属板的制作和安装工程可按变形缝、楼层、施工段或屋面、墙面、楼面等划分为一个或若干个检验批。

2. 合格标准(略)

3. 《钢结构工程施工质量验收规范》(GB 50205—2001)质量检验标准条款

(1)主控项目。

4.9.2 钢结构防火涂料的品种和技术性能应符合设计要求,并应经过具有资质的检测机构检测符合国家现行有关标准的规定。

检查数量:全数检查。

检验方法:检查产品的质量合格证明文件、中文标志及检验报告等。

14.3.1 防火涂料涂装前钢材表面除锈及防锈底漆涂装应符合设计要求和国家现行有关标准的规定。

检查数量:按构件数抽查10%,且同类构件不应少于3件。

检验方法:表面除锈用铲刀检查和用现行国家标准《涂覆涂料前钢材表面处理 表面清洁度的目视评定 第1部分:未涂覆过的钢材表面和全面清除原有涂层后的钢材表面的锈蚀等级和处理等级》(GB/T 8923.1—2011)规定的图片对照观察检查。底漆涂装用干漆膜测厚仪检查,每个构件检测5处,每处的数值为3个相距50mm测点涂层干漆膜厚度的平均值。

14.3.2 钢结构防火涂料的黏结强度、抗压强度应符合国家现行标准《钢结构防火涂料应用技术规程》(CECS 24—1990)的规定。检验方法应符合现行国家标准《建筑构件耐火试验方法 第1部分:通用要求》(GB/T 9978.1—2008)的规定。

检查数量:每使用100t或不足100t薄涂型防火涂料应抽检一次黏结强度;每使用500t或不足500t厚涂型防火涂料应抽检一次黏结强度和抗压强度。

检验方法:检查复检报告。

14.3.3 薄涂型防火涂料的涂层厚度应符合有关耐火极限的设计要求。厚涂型防火涂料涂层的厚度,80%及80%以上面积应符合有关耐火极限的设计要求,且最薄处厚度不应低于设计要求的85%。

检查数量:按同类构件数抽查10%,且均不应少于3件。

检验方法:用涂层厚度测量仪、测针和钢尺检查。测量方法应符合现行国家标准《钢结构防火涂料应用技术规程》(CECS 24—1990)的规定及本规范附录F。

14.3.4 薄涂型防火涂料涂层表面裂纹宽度不应大于0.5mm;厚涂型防火涂料涂层表面裂纹宽度不应大于1mm。

检查数量:按同类构件数抽查10%,且均不应少于3件。

检验方法:观察检查和用尺量检查。

(2)一般项目。

4.9.3 防腐涂料和防火涂料的型号、名称、颜色及有效期应与其质量证明文件相符。开启后,不应存在结皮、结块、凝胶等现象。

检查数量:按桶数抽查5%,且不应少于3桶。

检验方法:观察检查。

14.3.5 防火涂料涂装基层不应有油污、灰尘和泥砂等污垢。

检查数量:全数检查。

检验方法:观察检查。

14.3.6 防火涂料不应有误涂、漏涂,涂层应闭合,无脱层、空鼓、明显凹陷、粉化松散和浮浆等外观缺陷,乳突已剔除。

检查数量:全数检查。

检验方法:观察检查。

第四节 检验批质量验收记录(G 类-建筑装饰装修分部) 填报实训指导任务书

【实训项目名称】

检验批质量验收记录(G 类-建筑装饰装修分部)填报。

【适用专业】

建筑工程管理、工程造价及其他相关专业。

【实训目标】

能熟练进行检验批质量验收记录(G 类-建筑装饰装修分部)的选择、填写及编目工作。

1. 知识目标

能准确说出检验批质量验收记录(G 类-建筑装饰装修分部)的分类;

能够说出检验批质量验收记录(G 类-建筑装饰装修分部)常规表格填写的一般要求;

能熟练陈述检验批质量验收记录(G 类-建筑装饰装修分部)的运作程序。

2. 能力目标

能识别检验批质量验收记录(G 类-建筑装饰装修分部);

能够熟练掌握检验批质量验收记录(G 类-建筑装饰装修分部)的表式;

能深入理解检验批质量验收记录(G 类-建筑装饰装修分部)的质量要求;

熟练掌握检验批质量验收记录(G 类-建筑装饰装修分部)的填表及编目方法。

【实训任务及要求】

(1)完成基土检验批质量验收记录的编制及编目;

(2)完成灰土垫层检验批质量验收记录的编制及编目;

(3)完成砂垫层和砂石垫层检验批质量验收记录等资料表格的编制及编目。

【实训组织】

(1)学生分组,分别代表建设单位、监理单位、施工单位进行角色扮演,模拟工程进度节点及各类通常容易发生的事件,结合工程实践进行资料上报、审批、汇总;

(2)老师提示、点评、修改、总结。

【实训步骤】

(1)图表准备;

(2)事件准备;

(3)填写表格及编目;

(4)错误订正;

(5)表格送报。

基土检验批质量验收记录
[《建筑地面工程施工质量验收规范》(GB 50209—2010)]

03010101 _____

单位(子单位) 工程名称					
分部(子分部) 工程名称			分项工程名称		
施工单位		项目负责人		检验批容量	
分包单位		分包单位 项目负责人		检验批部位	
施工依据			验收依据		

验收项目			设计要求及 规范规定	最小/实际 抽样数量	检查记录	检查结果
主控 项目	1	基土土料	第4.2.5条	/		
	2	Ⅰ类建筑基土的氡 浓度	第4.2.6条	/		
	3	基土密实及压实 系数	第4.2.7条	/		
一般 项目	1	表面平整度	15mm	/		
	2	标高	0,−50mm	/		
	3	坡度	≤2/1000L 且 ≤30mm	/		
	4	厚度	≤1/10H 且 ≤20mm	/		
施工单位检查结果			施工员： 质检员： 年　月　日			
监理(建设)单位验收结论			专业监理工程师： (建设单位项目专业技术负责人) 年　月　日			

注:L为房间相应尺寸,H为垫层设计厚度。

【相关知识要点】

基土检验批质量验收记录[《建筑地面工程施工质量验收规范》(GB 50209—2010)]相关知识要点如下。

1.检验批划分

3.0.21　建筑地面工程施工质量的检验应符合下列规定：

(1)基层(各构造层)和各类面层的分项工程的施工质量验收应按每一层次或每层施工段(或变形缝)作为检验批,高层建筑的标准层可按每3层(不足3层按3层计)作为检验批。

(2)每检验批应以各子分部工程的基层(各构造层)和各类面层所划分的分项工程按自然间(或标准间)检验,抽查数量应随机检验不应少于3间;不足3间,应全数检查;其中走廊(过道)应以10延长米为1间,工业厂房(按单跨计)、礼堂、门厅应以两个轴线为1间计算。(说明:本条也适用本规范其他表格中的类似情况,类似情况中不再列出此条。)

(3)有防水要求的建筑地面子分部工程的分项工程施工质量每检验批抽查数量应按其房间总数随机检验不应少于4间,不足4间,应全数检查。(说明:本条也适用本规范其他表格中的类似情况,类似情况中不再列出此条。)

2.合格标准

3.0.22　建筑地面工程的分项施工质量检验的主控项目,必须达到本规范规定的质量标准,认定为合格;一般项目80%以上的检查点(处)以符合本规范规定的质量要求,其他检查点(处)不得有明显影响使用,并不得大于允许偏差值的50%为合格。凡达不到质量标准,应按现行国家标准《建筑工程施工质量验收统一标准》(GB 50300—2013)的规定处理。

说明:本条也适用本规范其他表格中的类似情况,类似情况中不再列出此条。

3.《建筑地面工程施工质量验收规范》(GB 50209—2010)相关质量检验标准条款

(1)主控项目。

4.2.5　基土不应用淤泥、腐殖土、冻土、耕植土、膨胀土和建筑杂物作为填土,填土土块的粒径不应大于50mm。

检验方法:观察检查和检查土质记录。

检查数量:按本规范第3.0.21条规定的检验批检查。

说明:对基土土质提出了严格要求,规定不应用几种土料做地面下填土。

4.2.6　Ⅰ类建筑基土的氡浓度应符合现行国家标准《民用建筑工程室内环境污染控制规范(2013版)》(GB 50325—2010)的规定。(2010版新增条文)

检验方法:检查检测报告。

检查数量:同一工程、同一土源地点检查一组。

4.2.7　基土应均匀密实,压实系数应符合设计要求,设计无要求时,个应小于0.9。

检验方法:观察检查和检查试验记录。

检查数量:按本规范第3.0.21条规定的检验批和第3.0.22条规定检查。

(2)一般项目。

4.2.8　基土表面的允许偏差应符合本规范表4.1.7的规定。

检验方法:按本规范表4.1.7中的检验方法检验。

检查数量:按本规范第3.0.21条规定的检验批和第3.0.22条规定检查。

4.1.7　基层的标高、坡度、厚度等应符合设计要求。基层表面应平整,其允许偏差和检验方法应符合表4.1.7的规定。[说明:本条规定了基层(各构造)表面质量的允许偏差值和相应的检验方法。]

表 4.1.7   **基层表面的允许检验方法**

序号	项目	基土 土	垫层 砂、砂石、碎石、碎砖	垫层 灰土、三合土、四合土、炉渣、水泥混凝土、陶粒混凝土	垫层 木搁栅	垫层地板 拼实木地板、拼花木合板层、软类木地板面层	垫层 其他种类面层	找平层 用胶材料做结合层铺板块面层	找平层 用结料结合层设块面层	找平层 用泥浆结合层设块板块面层导层	找平层 用胶黏剂做结合层铺拼花板、浸渍纸压质木地板、实木复合地板、竹板、软木地板面层	找平层 金属面层	填充层 松散材料	填充层 板、块材料	隔离层 防水、防潮、防油渗	绝热层 板块材料、浇筑材料、喷涂材料	检验方法
																	允许偏差/mm
1	表面平整度	15	15	10	3	3	5	3	5	5	2	3	7	5	3	4	用 2m 靠尺和楔形塞尺检查
2	标高	0 −50	±20	±10	±5	±5	±8	±5	±8	±4（以下各列均为 ±4）							用水准仪检查
3	坡度	不大于房间相应尺寸的 2/1000，且不大于 30															用坡度尺检查
4	厚度	在个别地方不大于设计厚度的 1/10，且不大于 20															用钢尺检查

灰土垫层检验批质量验收记录
[《建筑地面工程施工质量验收规范》(GB 50209—2010)]

03010102 _____

单位(子单位) 工程名称					
分部(子分部) 工程名称			分项工程名称		
施工单位		项目负责人		检验批容量	
分包单位		分包单位 项目负责人		检验批部位	
施工依据			验收依据		

验收项目			设计要求及 规范规定	最小/实际 抽样数量	检查记录	检查结果
主控 项目	1	灰土体积比	设计要求	/		
一般 项目	1	灰土材料质量	第 4.3.7 条	/		
	2	表面平整度	10mm	/		
		标高	±10mm	/		
		坡度	$\leqslant 2/1000L$ 且 $\leqslant 30$mm	/		
		厚度	$\leqslant 1/10H$ 且 $\leqslant 20$mm	/		
施工单位检查结果			施工员： 质检员： 年　月　日			
监理(建设)单位验收结论			专业监理工程师： (建设单位项目专业技术负责人) 年　月　日			

注：L 为房间相应尺寸,H 为垫层设计厚度。

【相关知识要点】

灰土垫层检验批质量验收记录[《建筑地面工程施工质量验收规范》(GB 50209—2010)]相关知识要点如下。

1.检验批划分

3.0.21　建筑地面工程施工质量的检验应符合下列规定:

基层(各构造层)和各类面层的分项工程的施工质量验收应以每一层次或每层施工段(或变形缝)作为检验批,高层建筑的标准层可以每 3 层(不足 3 层按 3 层计)作为检验批。

2.合格标准(略)

3.《建筑地面工程施工质量验收规范》(GB 50209—2010)质量检验标准条款

(1)主控项目。

4.3.6　灰土体积比应符合设计要求。

检验方法:观察检查和检查配合比试验报告。

检查数量:同一工程、同一体积比检查一次。

说明:本条严格规定了灰土垫层的材质要求和检验方法。

(2)一般项目。

4.3.7　熟化石灰颗粒粒径不得大于5mm;黏土(或粉质黏土、粉土)内不得含有有机物质,颗粒粒径不得大于15mm。

检验方法:观察检查和检查质量合格证明文件。

检查数量:按本规范第3.0.21条规定检验批检查。

说明:本条规定必须检查灰土垫层的体积比。当设计无要求时,一般常规提出熟化石灰:黏土为3:7。

4.3.8　灰土垫层表面的允许偏差应符合本规范表4.1.7的规定。

检验方法:应按本规范表4.1.7中的检验方法检验。

检查数量:按本规范第3.0.21条规定的检验批和第3.0.22条规定检查。

说明:本条提出了灰土垫层表面质量的允许偏差值和相应的检验方法。

砂垫层和砂石垫层检验批质量验收记录

[《建筑地面工程施工质量验收规范》(GB 50209—2010)]

03010103 ＿＿＿＿＿＿

单位(子单位) 工程名称							
分部(子分部) 工程名称				分项工程名称			
施工单位			项目负责人		检验批容量		
分包单位			分包单位 项目负责人		检验批部位		
施工依据				验收依据			
验收项目			设计要求及 规范规定	最小/实际 抽样数量	检查记录		检查结果
主控 项目	1	砂和砂石质量	第4.4.3条	/			
	2	垫层干密度(或贯入度)	设计要求	/			
一般 项目	1	垫层表面质量	第4.4.5条	/			
	2	表面平整度	15mm	/			
		标高	±20mm	/			
		坡度	≤2/1000L 且 ≤30mm	/			
		厚度	≤1/10H 且 ≤20mm	/			

单位(子单位) 工程名称				
分部(子分部) 工程名称		分项工程名称		
施工单位		项目负责人	检验批容量	
分包单位		分包单位 项目负责人	检验批部位	
施工依据		验收依据		
施工单位检查结果	施工员： 质检员： 年 月 日			
监理(建设)单位验收结论	专业监理工程师： (建设单位项目专业技术负责人) 年 月 日			

注：L 为房间相应尺寸，H 为垫层设计厚度。

【相关知识要点】

砂垫层和砂石垫层检验批质量验收记录[《建筑地面工程施工质量验收规范》(GB 50209—2010)]相关知识要点如下。

1. 检验批划分

3.0.21 建筑地面工程施工质量的检验应符合下列规定：

基层(各构造层)和各类面层的分项工程的施工质量验收应以每一层次或每层施工段(或变形缝)作为检验批，高层建筑的标准层可以每 3 层(不足 3 层按 3 层计)作为检验批。

2. 合格标准(略)

3.《建筑地面工程施工质量验收规范》(GB 50209—2010)质量检验标准条款

(1)主控项目。

4.4.3 砂和砂石不应含有草根等有机杂质；砂应采用中砂；石子最大粒径不得大于垫层厚度的 2/3。

检验方法：观察检查和检查质量合格证明文件。

检查数量：按本规范第 3.0.21 条规定的检验批检查。

说明：本条规定了垫层的材质要求和检验方法。

4.4.4 砂垫层和砂石垫层的干密度(或贯入度)应符合设计要求。

检验方法：观察检查和检查试验记录。

检查数量：按本规范第 3.0.21 条规定的检验批检查。

说明：本条规定了必须检查垫层的干密度和检验方法，可采取环刀法测定干密度或采用小型锤击贯入度测定。

(2)一般项目。

4.4.5 表面不应有砂窝、石堆等现象。

检验方法：观察检查。

检查数量：按本规范第 3.0.21 条规定的检验批检查。

说明：本条提出了检查垫层表面的质量缺陷和检验方法。

4.4.6　砂垫层和砂石垫层表面的允许偏差应符合本规范表 4.1.7 的规定。

检验方法：应按本规范表 4.1.7 中的检验方法检验。

检查数量：按本规范第 3.0.21 条规定的检验批和第 3.0.22 条规定检查。

说明：本条提出了垫层表面质量的允许偏差值和相应的检验方法。

碎石垫层和碎砖垫层检验批质量验收记录

[《建筑地面工程施工质量验收规范》(GB 50209—2010)]

03010104 _____

单位(子单位) 工程名称						
分部(子分部) 工程名称				分项工程名称		
施工单位		项目负责人			检验批容量	
分包单位		分包单位 项目负责人			检验批部位	
施工依据				验收依据		
验收项目			设计要求及 规范规定	最小/实际 抽样数量	检查记录	检查结果
主控 项目	1	材料质量	第 4.5.3 条	/		
	2	垫层密实度	设计要求	/		
一般 项目	1	表面平整度	15mm	/		
	2	标高	±20mm	/		
	3	坡度	$\leqslant 2/1000L$ 且 $\leqslant 30$mm	/		
	4	厚度	$\leqslant 1/10H$ 且 $\leqslant 20$mm	/		
施工单位检查结果		施工员： 质检员： 年　月　日				
监理(建设)单位验收结论		专业监理工程师： (建设单位项目专业技术负责人) 年　月　日				

注：L 为房间相应尺寸，H 为垫层设计厚度。

【相关知识要点】

碎石垫层和碎砖垫层检验批质量验收记录[《建筑地面工程施工质量验收规范》(GB 50209—2010)]相关知识要点如下。

1. 检验批划分

3.0.21　建筑地面工程施工质量的检验应符合下列规定：

基层(各构造层)和各类面层的分项工程的施工质量验收应以每一层次或每层施工段(或变形缝)作为检验批,高层建筑的标准层可以每3层(不足3层按3层计)作为检验批。

2. 合格标准(略)

3.《建筑地面工程施工质量验收规范》(GB 50209—2010)质量检验标准条款

(1)主控项目。

4.5.3　碎石的强度应均匀,最大粒径不应大于垫层厚度的2/3;碎砖不应采用风化、酥松、夹有有机杂质的砖料,颗粒粒径不应大于60mm。

检验方法:观察检查和检查质量合格证明文件。

检查数量:按本规范第3.0.21条规定的检验批检查。

说明:本条规定了垫层材料的质量要求和检验方法。

4.5.4　碎石、碎砖垫层的密实度应符合设计要求。

检验方法:观察检查和检查试验记录。

检查数量:按本规范第3.0.21条规定的检验批检查。

说明:本条规定必须检查垫层的密实度和检验方法。

(2)一般项目。

4.5.5　碎石、碎砖垫层的表面允许偏差应符合本规范表4.1.7的规定。

检验方法:应按本规范表4.1.7中的检验方法检验。

检查数量:按本规范第3.0.21条规定的检验批和第3.0.22条规定检查。

说明:本条提出了垫层的表面质量的允许偏差值和相应的检验方法。

三合土垫层和四合土垫层检验批质量验收记录
[《建筑地面工程施工质量验收规范》(GB 50209—2010)]

03010105 _____

单位(子单位) 工程名称						
分部(子分部) 工程名称				分项工程名称		
施工单位			项目负责人		检验批容量	
分包单位			分包单位 项目负责人		检验批部位	
施工依据				验收依据		

		验收项目	设计要求及 规范规定	最小/实际 抽样数量	检查记录	检查结果
主控 项目	1	材料质量	第4.6.3条	/		
	2	体积比	设计要求	/		

续表

单位(子单位)工程名称						
分部(子分部)工程名称			分项工程名称			
施工单位		项目负责人			检验批容量	
分包单位		分包单位项目负责人			检验批部位	
施工依据			验收依据			
验收项目		设计要求及规范规定	最小/实际抽样数量	检查记录		检查结果
一般项目	1 表面平整度	10mm	/			
	2 标高	±10mm	/			
	3 坡度	≤2/1000L 且 ≤30mm	/			
	4 厚度	≤1/10H 且 ≤20mm	/			
施工单位检查结果		施工员： 质检员： 年　月　日				
监理(建设)单位验收结论		专业监理工程师： (建设单位项目专业技术负责人) 年　月　日				

注:L 为房间相应尺寸,H 为垫层设计厚度。

【相关知识要点】

三合土垫层和四合土垫层检验批质量验收记录[《建筑地面工程施工质量验收规范》(GB 50209—2010)]相关知识要点如下。

1.检验批划分

基层(各构造层)和各类面层的分项工程的施工质量验收应以每一层次或每层施工段(或变形缝)作为检验批,高层建筑的标准层可以每3层(不足3层按3层计)作为检验批。

2.合格标准(略)

3.《建筑地面工程施工质量验收规范》(GB 50209—2010)质量检验标准条款

(1)主控项目。

4.6.3　水泥宜用硅酸盐水泥、普通硅酸盐水泥;熟化石灰颗粒粒径不得大于5mm;砂应用中砂,并不得含有草根等有机物质;碎砖不应采用风化、酥松和有机杂质的砖料,颗粒粒径不应大于60mm。

检验方法:观察检查和检查质量合格证明文件。

检查数量:按本规范第3.0.21条规定的检验批检查。

说明：本条规定了垫层材料的质量要求和检验方法。

4.6.4　三合土、四合土的体积比应符合设计要求。

检验方法：观察检查和检查配合比试验记录。

检查数量：同一工程、同一体积比检查一次。

说明：本条规定必须检查垫层的配合比和检验方法。

（2）一般项目。

4.6.5　三合土和四合土垫层垫层表面的允许偏差应符合本规范表4.1.7的规定。

检验方法：应按本规范表4.1.7中的检验方法检验。

检查数量：按本规范第3.0.21条规定的检验批和第3.0.22条规定检查。

说明：本条提出了垫层的表面质量的允许偏差值和相应的检验方法。

水泥混凝土垫层和陶粒混凝土垫层检验批质量验收记录

[《建筑地面工程施工质量验收规范》(GB 50209—2010)]

03010107　＿＿＿＿＿＿＿

单位(子单位) 工程名称						
分部(子分部) 工程名称			分项工程名称			
施工单位			项目负责人		检验批容量	
分包单位			分包单位 项目负责人		检验批部位	
施工依据				验收依据		
验收项目			设计要求及 规范规定	最小/实际 抽样数量	检查记录	检查结果
主控 项目	1	材料质量	第4.8.8条	/		
	2	混凝土强度等级	设计要求C	/		
一般 项目	1	表面平整度	10mm	/		
	2	标高	±10mm	/		
	3	坡度	≤2/1000L 且 ≤30mm	/		
		厚度	≤1/10H 且 ≤20mm	/		
施工单位检查结果			施工员： 质检员： 　　　　　　　　　　　　　　　　年　月　日			
监理(建设)单位验收结论			专业监理工程师： (建设单位项目专业技术负责人) 　　　　　　　　　　　　　　　　年　月　日			

注：L 为房间相应尺寸，H 为垫层设计厚度。

【相关知识要点】

水泥混凝土垫层和陶粒混凝土垫层检验批质量验收记录[《建筑地面工程施工质量验收规范》(GB 50209—2010)]相关知识要点如下。

1. 检验批划分

3.0.21 建筑地面工程施工质量的检验应符合下列规定：

基层(各构造层)和各类面层的分项工程的施工质量验收应以每一层次或每层施工段(或变形缝)作为检验批,高层建筑的标准层可以每3层(不足3层按3层计)作为检验批。

2. 合格标准(略)

3.《建筑地面工程施工质量验收规范》(GB 50209—2010)质量检验标准条款

(1)主控项目。

4.8.8 水泥混凝土垫层和陶粒混凝土垫层采用的粗骨料,其最大粒径不应大于垫层厚度的2/3;含泥量不应大于3%;砂为中粗砂,其含泥量不应大于3%。陶粒中粒径小于5mm的颗粒含量应小于10%;粉煤灰陶粒中大于15mm的颗粒含量不应大于5%;陶粒中不得混夹杂物或黏土块。陶粒宜选用粉煤灰陶粒、页岩陶粒等。

检验方法:观察检查和检查质量合格证明文件。

检查数量:同一工程、同一强度等级、同一配合比检查一次。

4.8.9 水泥混凝土和陶粒混凝土的强度等级应符合设计要求。陶粒混凝土的密度应在800~1400kg/m³ 之间。

检验方法:检查配合比试验报告和强度等级检测报告。

检查数量:配合比试验报告按同一工程、同一强度等级、同一配合比检查一次;强度等级检测报告按本规范第3.0.19条的规定检查。

(2)一般项目。

4.8.10 水泥混凝土垫层和陶粒混凝土垫层表面的允许偏差应符合本规范表4.1.7的规定。

检验方法:按本规范表4.1.7中的检验方法检验。

检查数量:按本规范第3.0.21条规定的检验批和第3.0.22条规定检查。

说明:本条提出了垫层的表面质量的允许偏差值和相应的检验方法。

找平层检验批质量验收记录

[《建筑地面工程施工质量验收规范》(GB 50209—2010)]

03010108 _____

屋面找平层检验批质量验收记录表案例

单位(子单位)工程名称						
分部(子分部)工程名称			分项工程名称			
施工单位		项目负责人			检验批容量	
分包单位		分包单位项目负责人			检验批部位	
施工依据			验收依据			
验收项目			设计要求及规范规定	最小/实际抽样数量	检查记录	检查结果
主控项目	1	材料质量	第4.9.6条	/		
	2	配合比或强度等级	第4.9.7条	/		
	3	有防水要求的立管、套管、地漏	第4.9.8条	/		
	4	有防静电要求的整体面层的找平层	第4.9.9条	/		

单位(子单位)工程名称							
分部(子分部)工程名称				分项工程名称			
施工单位			项目负责人			检验批容量	
分包单位			分包单位项目负责人			检验批部位	
施工依据				验收依据			

验收项目			设计要求及规范规定	最小/实际抽样数量	检查记录	检查结果
一般项目	1	找平层与下层结合	第4.9.10条	/		
	2	找平层表面质量	第4.9.11条	/		
	3	用胶黏剂做结合层铺设拼花木板、浸渍纸层压木质地板、实木复合地板、竹地板、软木地板面层 表面平整度	2mm	/		
		标高	±4mm	/		
		用胶结料做结合层铺设板块面层 表面平整度	3mm	/		
		标高	±5mm	/		
		金属板面层 表面平整度	3mm	/		
		标高	±4mm	/		
		用水泥砂浆做结合层,铺设板块面层,其他种类面层 表面平整度	5mm	/		
		标高	±8mm	/		
	4	坡度	≤2/1000L且≤30mm	/		
	5	厚度	≤1/10H且≤20mm	/		
施工单位检查结果			施工员: 质检员: 年 月 日			
监理(建设)单位验收结论			专业监理工程师: (建设单位项目专业技术负责人) 年 月 日			

注:L为房间相应尺寸,H为垫层设计厚度。

143

【相关知识要点】

找平层检验批质量验收记录[《建筑地面工程施工质量验收规范》(GB 50209—2010)]相关知识要点如下。

1. 检验批划分

3.0.21 建筑地面工程施工质量的检验应符合下列规定：

基层(各构造层)和各类面层的分项工程的施工质量验收应以每一层次或每层施工段(或变形缝)作为检验批,高层建筑的标准层可以每3层(不足3层按3层计)作为检验批。

2. 合格标准(略)

3. 《建筑地面工程施工质量验收规范》(GB 50209—2010)质量检验标准条款

(1)主控项目。

4.9.6 找平层采用碎石或卵石的粒径不应大于其厚度的2/3,含泥量不应大于2%;砂为中粗砂,其含泥量不应大于3%。

检验方法:观察检查和检查质量合格证明文件。

检查数量:同一工程、同一强度等级、同一配合比检查一次。

说明:本条规定了找平层材料的质量要求和检验方法。

4.9.7 水泥砂浆体积比、水泥混凝土强度等级应符合设计要求,且水泥砂浆体积比不应小于1∶3(或相应强度等级);水泥混凝土强度等级不应小于C15。

检验方法:观察检查和检查配合比试验报告、强度等级检测报告。

检查数量:配合比试验报告按同一工程、同一强度等级、同一配合比检查一次;强度等级检测报告按本规范第3.0.19条的规定检查。

说明:本条规定必须检查找平层的体积比或强度等级和检验方法。还规定了其相应最小限值,以便与《建筑地面设计规范》(GB 50037—2013)相一致。

4.9.8 有防水要求的建筑地面工程的立管、套管、地漏处不应渗漏,坡向应正确、无积水。

检验方法:观察检查和蓄水、泼水检验及坡度尺检查。

检查数量:按本规范第3.0.21条规定的检验批检查。

说明:严格规定对有防水要求的建筑地面工程的施工质量要求,强调必须进行蓄水、泼水检验,蓄水深度最浅处不得小于10mm,24h内无渗漏为合格。

4.9.9 在有防静电要求的整体面层的找平层施工前,其下敷设的导电地网系统应于接地引下线和地下接地体有可靠连接,经电性能检测且符合相关要求后进行隐蔽工程验收。

检验方法:观察检查和检查质量合格证明文件。

检查数量:按本规范第3.0.21条规定的检验批检查。

说明:有防静电要求的整体面层的找平层施工时,宜在已敷设好导电地网的基层上涂刷混凝土界面剂或用水湿润基面,再用掺入复合导电粉的干性水泥砂浆均匀铺设于导电地网上,确保找平层的平整和密实。

(2)一般项目。

4.9.10 找平层与其下一层应结合牢固,不应有空鼓。

检验方法:用小锤轻击检查。

检查数量:按本规范第3.0.21条规定的检验批检查。

说明:本条提出了对找平层与下一层之间的施工质量要求和检验方法。

4.9.11 找平层表面应密实,不应有起砂、蜂窝和裂缝等缺陷。

检验方法:观察检查。

检查数量:按本规范第3.0.21条规定的检验批检查。

说明:本条提出了对找平层表面的质量要求和检验方法。

4.9.12 找平层的表面允许偏差应符合本规范表4.1.7的规定。

检验方法：应按本规范表4.1.7中的检验方法检验。

检查数量：按本规范第3.0.21条规定的检验批和第3.0.22条规定检查。

说明：本条提出了检查找平层表面质量的允许偏差值和相应的检验方法。

隔离层检验批质量验收记录

[《建筑地面工程施工质量验收规范》(GB 50209—2010)]

03010109 _____

隔离层检验批
质量验收
记录表案例

单位(子单位)工程名称						
分部(子分部)工程名称			分项工程名称			
施工单位		项目负责人			检验批容量	
分包单位		分包单位项目负责人			检验批部位	
施工依据			验收依据			

验收项目			设计要求及规范规定	最小/实际抽样数量	检查记录	检查结果
主控项目	1	材料质量	第4.10.9条	/		
	2	材料进场复验	第4.10.10条	/		
	3	隔离层设置要求	第4.10.11条	/		
	4	水泥类隔离层防水性能	第4.10.12条	/		
	5	防水层防水要求	第4.10.13条	/		
一般项目	1	隔离层厚度	设计要求	/		
	2	隔离层与下层黏结	第4.10.15条	/		
	3	防水涂层	第4.10.15条	/		
	4	表面平整度	3mm	/		
		标高	±4mm	/		
		坡度	≤2/1000L 且 ≤30mm	/		
		厚度	≤1/10H 且 ≤20mm	/		
施工单位检查结果			施工员： 质检员： 年 月 日			
监理(建设)单位验收结论			专业监理工程师： (建设单位项目专业技术负责人) 年 月 日			

注：L为房间相应尺寸，H为垫层设计厚度。

【相关知识要点】

隔离层检验批质量验收记录[《建筑地面工程施工质量验收规范》(GB 50209—2010)]相关知识要点如下。

1.检验批划分

3.0.21 建筑地面工程施工质量的检验应符合下列规定：

基层(各构造层)和各类面层的分项工程的施工质量验收应以每一层次或每层施工段(或变形缝)作为检验批,高层建筑的标准层可以每3层(不足3层按3层计)作为检验批。

2.合格标准(略)

3.《建筑地面工程施工质量验收规范》(GB 50209—2010)质量检验标准条款

(1)主控项目。

4.10.9 隔离层材料应符合设计要求和国家现行有关标准的规定。

检验方法:观察检查和检查型式检验报告、出厂检验报告、出厂合格证。

检查数量:同一工程、同一材料、同一生产厂家、同一型号、同一规格、同一批号检查一次。

4.10.10 卷材类、涂料类隔离层材料进入施工现场,应对材料的主要物理性能指标进行复验。

检验方法:检查复验报告。

检查数量:执行现行国家标准《屋面工程质量验收规范》(GB 50207—2012)的有关规定。

4.10.11 厕浴间和有防水要求的建筑地面必须设置防水隔离层。楼层结构必须采用现浇混凝土或整块预制混凝土板,混凝土强度等级不应小于C20;房间的楼板四周除门洞外应做混凝土翻边,高度不应小于200mm。宽度同墙厚,混凝土强度等级不应小于C20。施工时结构层标高和预留孔洞位置应准确,严禁乱凿洞。

检验方法:观察检查和钢尺检查。

检查数量:按本规范第3.0.21条规定的检验批检查。

4.10.12 水泥类防水隔离层的防水等级和强度等级应符合设计要求。

检验方法:观察检查和检查防水等级检测报告、强度等级检测报告。

检查数量:防水等级检测报告、强度等级检测报告均按本规范第3.0.19条的规定检查。

4.10.13 防水隔离层严禁渗漏,排水的坡向应正确、排水通畅。

检验方法:观察检查和蓄水、泼水检验,坡度尺检查及检查验收记录。

检查数量:按本规范第3.0.21条规定的检验批检查。

(2)一般项目。

4.10.14 隔离层厚度应符合设计要求。

检验方法:观察检查和用钢尺、卡尺检查。

检查数量:按本规范第3.0.21条规定的检验批检查。

4.10.15 隔离层与其下一层应黏结牢固,不应有空鼓;防水涂层应平整、均匀,无脱皮、起壳、裂缝、鼓泡等缺陷。

检验方法:用小锤轻击检查和观察检查。

检查数量:按本规范第3.0.21条规定的检验批检查。

4.10.16 隔离层表面的允许偏差应符合本规范表4.1.7的规定。

检验方法:按本规范表4.1.7中的检验方法检验。

检查数量:按本规范第3.0.21条规定的检验批和第3.0.22条规定检查。

填充层检验批质量验收记录
[《建筑地面工程施工质量验收规范》(GB 50209—2010)]

03010110 _____

单位(子单位) 工程名称					
分部(子分部) 工程名称			分项工程名称		
施工单位		项目负责人		检验批容量	
分包单位		分包单位 项目负责人		检验批部位	
施工依据			验收依据		

验收项目			设计要求及 规范规定	最小/实际 抽样数量	检查记录	检查结果
主控项目	1	材料质量	第4.11.7条	/		
	2	厚度、配合比	设计要求	/		
	3	对填充材料接缝有密闭要求的应密封良好	第4.11.9条	/		
一般项目	1	填充层铺设质量	第4.11.10条	/		
	2	填充层坡度	第4.11.11条	/		
	3	允许偏差	表面平整度	用作隔声的填充层	3mm	/
				板块	5mm	/
				松散材料	7mm	/
			标高	±4mm	/
			坡度	≤2/1000L且 ≤30mm	/
			厚度	≤1/10H且 ≤20mm	/

施工单位检查结果	施工员： 质检员： 年 月 日
监理(建设)单位验收结论	专业监理工程师： (建设单位项目专业技术负责人) 年 月 日

注：L为房间相应尺寸，H为垫层设计厚度。

147

【相关知识要点】

填充层检验批质量验收记录[《建筑地面工程施工质量验收规范》(GB 50209—2010)]相关知识要点如下。

1. 检验批划分

3.0.21 建筑地面工程施工质量的检验应符合下列规定：

基层(各构造层)和各类面层的分项工程的施工质量验收应按每一层次或每层施工段(或变形缝)作为检验批,高层建筑的标准层可按每3层(不足3层按3层计)作为检验批。

2. 合格标准(略)

3.《建筑地面工程施工质量验收规范》(GB 50209—2010)质量检验标准条款

(1)主控项目。

4.11.7 填充层的材料应符合设计要求和国家现行有关标准的规定

检验方法：观察检查和检查质量合格证明文件。

检查数量：同一工程、同一材料、同一生产厂家、同一型号、同一规格、同一批号检查一次。

4.11.8 填充层的厚度、配合比应符合设计要求。

检验方法：用钢尺检查和检查配合比试验报告。

检查数量：按本规范第3.0.21条规定的检验批检查。

4.11.9 对填充材料接缝有密闭要求的应密封良好。(新增)

检验方法：观察检查。

检查数量：按本规范第3.0.21条规定的检验批检查。

说明：对有隔声要求的地面填充层,接缝不密闭将会影响阻隔或传导的效果,从而影响设计功能的实现,故做出要求密闭良好的规定,并提出了检验方法、检查数量。

(2)一般项目。

4.11.10 松散材料填充层铺设应密实；板块状材料填充层应压实、无翘曲。

检验方法：观察检查。

检查数量：按本规范第3.0.21条规定的检验批检查。

4.11.11 填充层的坡度应符合设计要求,不应有倒泛水和积水现象。(新增)

检验方法：观察和采用泼水或用坡度尺检查。

检查数量：按本规范第3.0.21条规定的检验批检查。

4.11.12 填充层表面的允许偏差应符合本规范表4.1.7的规定。

检验方法：按本规范表4.1.7中的检验方法检验。

检查数量：按本规范第3.0.21条规定的检验批和第3.0.22条规定检查。

4.11.13 用作隔声的填充层,其表面允许偏差应符合本规范表4.1.7中隔离层的规定。

检验方法：应按本规范表4.1.7中的检验方法检验。

检查数量：按本规范第3.0.21条规定的检验批和第3.0.22条规定检查。

水泥混凝土面层检验批质量验收记录
[《建筑地面工程施工质量验收规范》(GB 50209—2010)]

03010201 _____

单位(子单位)工程名称						
分部(子分部)工程名称			分项工程名称			
施工单位		项目负责人		检验批容量		
分包单位		分包单位项目负责人		检验批部位		
施工依据			验收依据			

验收项目			设计要求及规范规定	最小/实际抽样数量	检查记录	检查结果
主控项目	1	骨料粒径	第5.2.3条	/		
	2	外加剂的技术性能、品种和掺量	第5.2.4条	/		
	3	面层强度等级	设计要求C	/		
	4	面层与下一层结合	第5.2.6条	/		
一般项目	1	表面质量	第5.2.7条	/		
	2	表面坡度	第5.2.8条	/		
	3	踢脚线与墙面结合	第5.2.9条	/		
	4 楼梯、台阶踏步	踏步尺寸及面层质量	第5.2.10条	/		
		楼层梯段相邻踏步高度差	10mm	/		
		每踏步两端宽度差	10mm	/		
		旋转楼梯踏步两端宽度	5mm	/		
	5 面层允许偏差	表面平整度	5mm	/		
		踢脚线上口平直	4mm	/		
		缝格顺直	3mm	/		

施工单位检查结果	施工员： 质检员： 　　　　　　　　年　月　日
监理(建设)单位验收结论	专业监理工程师： (建设单位项目专业技术负责人) 　　　　　　　　年　月　日

【相关知识要点】

水泥混凝土面层检验批质量验收记录[《建筑地面工程施工质量验收规范》(GB 50209—2010)]相关知识要点如下。

1.检验批划分

3.0.21 建筑地面工程施工质量的检验应符合下列规定：

基层(各构造层)和各类面层的分项工程的施工质量验收应以每一层次或每层施工段(或变形缝)作为检验批,高层建筑的标准层可以每3层(不足3层按3层计)作为检验批。

2.合格标准(略)

3.《建筑地面工程施工质量验收规范》(GB 50209—2010)质量检验标准条款

(1)主控项目。

5.2.3 水泥混凝土采用的粗骨料,最大粒径不应大于面层厚度的2/3,细石混凝土面层采用的石子粒径不应大于16mm。

检验方法:观察检查和检查质量合格证明文件。

检查数量:同一工程、同一强度等级、同一配合比检查一次。

5.2.4 防水水泥混凝土中掺入的外加剂的技术性能应符合国家现行有关标准的规定,外加剂的品种和掺量应经试验确定。

检验方法:检查外加剂合格证明文件和配合比试验报告。

检查数量:同一工程、同一品种、同一掺量检查一次。

5.2.5 面层的强度等级应符合设计要求,且强度等级不应小于C20。

检验方法:检查配合比试验报告和强度等级检测报告。

检查数量:配合比试验报告按同一工程、同一强度等级、同一配合比检查一次;强度等级检测报告按本规范第3.0.19条的规定检查。

5.2.6 面层与下一层应结合牢固,且应无空鼓和开裂。当出现空鼓时,空鼓面积不应大于400cm²,且每自然间或标准间不应多于2处。

检验方法:观察检查和用小锤轻击检查。

检查数量:按本规范第3.0.21条规定的检验批检查。

(2)一般项目。

5.2.7 面层表面应洁净,不应有裂纹、脱皮、麻面、起砂等缺陷。

检验方法:观察检查。

检查数量:按本规范第3.0.21条规定的检验批检查。

5.2.8 面层表面的坡度应符合设计要求,不应有倒泛水和积水现象。

检验方法:观察和采用泼水或用坡度尺检查。

检查数量:按本规范第3.0.21条规定的检验批检查。

5.2.9 踢脚线与柱、墙面应紧密结合,踢脚线高度和出柱、墙厚度应符合设计要求且均匀一致。当出现空鼓时,局部空鼓长度不应大于300mm,且每自然间或标准间不应多于2处。

检验方法:用小锤轻击、钢尺和观察检查。

检查数量:按本规范第3.0.21条规定的检验批检查。

5.2.10 楼梯、台阶踏步的宽度、高度应符合设计要求。楼层梯段相邻踏步高度差不应大于10mm;每踏步两端宽度差不应大于10mm,旋转楼梯梯段的每踏步两端宽度的允许偏差不应大于5mm。踏步面层应做防滑处理,齿角应整齐,防滑条应顺直、牢固。

检验方法:观察检查和用钢尺检查。

检查数量:按本规范第3.0.21条规定的检验批检查。

5.2.11 水泥混凝土面层的允许偏差应符合本规范表5.1.7的规定。

检验方法:按本规范表5.1.7中的检验方法检验。

检查数量:按本规范第3.0.21条规定的检验批和第3.0.22条的规定检查。

水泥砂浆面层检验批质量验收记录
[《建筑地面工程施工质量验收规范》(GB 50209—2010)]

03010202 _____

水泥砂浆面层
检验批质量
验收记录表
案例

单位(子单位)工程名称					
分部(子分部)工程名称			分项工程名称		
施工单位		项目负责人		检验批容量	
分包单位		分包单位项目负责人		检验批部位	
施工依据			验收依据		

验收项目			设计要求及规范规定	最小/实际抽样数量	检查记录	检查结果
主控项目	1	水泥质量	第5.3.2条	/		
	2	外加剂的技术性能、品种和掺量	第5.3.3条	/		
	3	体积比和强度	第5.3.4条	/		
	4	有排水要求的地面	第5.3.5条	/		
	5	面层与下一层结合	第5.3.6条	/		
一般项目	1	坡度	第5.3.7条	/		
	2	表面质量	第5.3.8条	/		
	3	踢脚线与墙面结合	第5.3.9条	/		
	4 楼梯、台阶踏步	踏步尺寸及面层质量	第5.3.10条	/		
		楼层梯段相邻踏步高度差	10mm	/		
		每踏步两端宽度差	10mm	/		
		旋转楼梯踏步两端宽度	5mm	/		
	5 面层允许偏差	表面平整度	4mm	/		
		踢脚线上口平直	4mm	/		
		缝格顺直	3mm	/		
施工单位检查结果			施工员： 质检员： 　　　　　　　　　　　　　　年　月　日			
监理(建设)单位验收结论			专业监理工程师： (建设单位项目专业技术负责人) 　　　　　　　　　　　　　　年　月　日			

【相关知识要点】

水泥砂浆面层检验批质量验收记录[《建筑地面工程施工质量验收规范》(GB 50209—2010)]相关知识要点如下。

1.检验批划分

3.0.21　建筑地面工程施工质量的检验应符合下列规定：

基层(各构造层)和各类面层的分项工程的施工质量验收应以每一层次或每层施工段(或变形缝)作为检验批,高层建筑的标准层可以每3层(不足3层按3层计)作为检验批。

2.合格标准(略)

3.《建筑地面工程施工质量验收规范》(GB 50209—2010)质量检验标准条款

(1)主控项目。

5.3.2　水泥宜采用硅酸盐水泥、普通硅酸盐水泥,不同品种、不同强度等级的水泥不应混用;砂应为中粗砂,当采用石屑时,其粒径应为1～5mm,且含泥量不应大于3%;防水水泥砂浆采用的砂或石屑,其含泥量不应大于1%。

检验方法:观察检查和检查质量合格证明文件。

检查数量:同一工程、同一强度等级、同一配合比检查一次。

5.3.3　防水水泥砂浆中掺入的外加剂的技术性能应符合国家现行有关标准的规定,外加剂的品种和掺量应经试验确定。

检验方法:观察检查和检查质量合格证明文件、配合比试验报告。

检查数量:同一工程、同一强度等级、同一配合比、同一外加剂品种、同一掺量检查一次。

5.3.4　水泥砂浆的体积比(强度等级)应符合设计要求,且体积比应为1:2,强度等级不应小于M15。

检验方法:检查强度等级检测报告。

检查数量:按本规范第3.0.19条的规定检查。

5.3.5　有排水要求的水泥砂浆地面,坡向应正确、排水通畅;防水水泥砂浆面层不应渗漏。

检验方法:观察检查和蓄水、泼水检验或坡度尺检查及检查检验记录。

检查数量:按本规范第3.0.21条规定的检验批检查。

5.3.6　面层与下一层应结合牢固,且应无空鼓和开裂。当出现空鼓时,空鼓面积不应大于400cm²,且每自然间或标准间不应多于2处。

检验方法:观察检查和用小锤轻击检查。

检查数量:按本规范第3.0.21条规定的检验批检查。

(2)一般项目。

5.3.7　面层表面的坡度应符合设计要求,不应有倒泛水和积水现象。

检验方法:观察检查和采用泼水或坡度尺检查。

检查数量:按本规范第3.0.21条规定的检验批检查。

5.3.8　面层表面应洁净,不应有裂纹、脱皮、麻面、起砂等现象。

检验方法:观察检查。

检查数量:按本规范第3.0.21条规定的检验批检查。

5.3.9　踢脚线与柱、墙面应紧密结合,踢脚线高度及出柱、墙厚度应符合设计要求且均匀一致。当出现空鼓时,局部空鼓长度不应大于300mm,且每自然间或标准间不应多于2处。

检验方法:用小锤轻击、钢尺和观察检查。

检查数量:按本规范第3.0.21条规定的检验批检查。

5.3.10　楼梯、台阶踏步的宽度、高度应符合设计要求。楼层梯段相邻踏步高度差不应大于10mm;每踏步两端宽度差不应大于10mm,旋转楼梯梯段的每踏步两端宽度的允许偏差不应大于5mm。踏步面层应做防滑处理,齿角应整齐,防滑条应顺直、牢固。

检验方法:观察检查和用钢尺检查。

检查数量:按本规范第3.0.21条规定的检验批检查。

5.3.11　水泥砂浆面层的允许偏差应符合本规范表5.1.7的规定。

检验方法：按本规范表5.1.7中的检验方法检验。

检查数量：按本规范第3.0.21条规定的检验批和第3.0.22条的规定检查。

水磨石面层检验批质量验收记录

[《建筑地面工程施工质量验收规范》(GB 50209—2010)]

03010203　_____

单位(子单位) 工程名称						
分部(子分部) 工程名称				分项工程名称		
施工单位			项目负责人		检验批容量	
分包单位			分包单位 项目负责人		检验批部位	
施工依据				验收依据		

验收项目			设计要求及 规范规定	最小/实际 抽样数量	检查记录	检查结果
主控 项目	1	材料质量	第5.4.8条	/		
	2	拌和料体积比(水泥：石料)	1:2.5～ 1:1.5	/		
	3	防静电面层	第5.4.10条	/		
	4	面层与下一层结合	第5.4.11条	/		
一般 项目	1	面层表面质量	第5.4.12条	/		
	2	踢脚线	第5.4.13条	/		
	3	楼梯、台阶踏步	踏步尺寸及面层质量	第5.4.14条	/	
			楼层梯段相邻踏步高度差	10mm	/	
			每踏步两端宽度差	10mm	/	
			旋转楼梯踏步两端宽度	5mm	/	
	4	面层允许偏差	表面平整度 高级水磨石	2mm	/	
			表面平整度 普通水磨石	3mm	/	
			踢脚线上口平直	3mm	/	
			缝格平直度 高级水磨石	2mm	/	
			缝格平直度 普通水磨石	3mm	/	

施工单位检查结果	施工员： 质检员： 　　　　　　　　　　　年　月　日
监理(建设)单位验收结论	专业监理工程师： (建设单位项目专业技术负责人) 　　　　　　　　　　　年　月　日

【相关知识要点】

水磨石面层检验批质量验收记录[《建筑地面工程施工质量验收规范》(GB 50209—2010)]相关知识要点如下。

1. 检验批划分

3.0.21 建筑地面工程施工质量的检验应符合下列规定：

基层(各构造层)和各类面层的分项工程的施工质量验收应以每一层次或每层施工段(或变形缝)作为检验批,高层建筑的标准层可以每3层(不足3层按3层计)作为检验批。

2. 合格标准(略)

3.《建筑地面工程施工质量验收规范》(GB 50209—2010)质量检验标准条款

(1)主控项目。

5.4.8 水磨石面层的石粒应采用白云石、大理石等岩石加工而成,石粒应洁净无杂物,其粒径除特殊要求外,应为6~16mm;颜料应采用耐光、耐碱的矿物原料,不得使用酸性颜料。

检验方法:观察检查和检查质量合格证明文件。

检查数量:同一工程、同一体积比检查一次。

5.4.9 水磨石面层拌和料的体积比应符合设计要求,且水泥与石粒的比例应为1:2.5~1:1.5。

检验方法:检查配合比试验报告。

检查数量:同一工程、同一体积比检查一次。

5.4.10 防静电水磨石面层应在施工前及施工完成表面干燥后进行接地电阻和表面电阻检测,并应做好记录。

检验方法:检查施工记录和检测报告。

检查数量:按本规范第3.0.21条规定的检验批检查。

5.4.11 面层与下一层结合应牢固,且应无空鼓、裂纹。当出现空鼓时,空鼓面积不应大于400cm^2,且每自然间或标准间不应多于2处。

检验方法:观察检查和用小锤轻击检查。

检查数量:按本规范第3.0.21条规定的检验批检查。

(2)一般项目。

5.4.12 面层表面应光滑,且应无裂纹、砂眼和磨痕;石粒应密实,显露应均匀;颜色图案应一致,不混色;分格条应牢固、顺直和清晰。

检验方法:观察检查。

检查数量:按本规范第3.0.21条规定的检验批检查。

5.4.13 踢脚线与柱、墙面应紧密结合,踢脚线高度及出柱、墙厚度应符合设计要求且均匀一致。当出现空鼓时,局部空鼓长度不应大于300mm,且每自然间或标准间不应多于2处。

检验方法:用小锤轻击、钢尺和观察检查。

检查数量:按本规范第3.0.21条规定的检验批检查。

5.4.14 楼梯、台阶踏步的宽度、高度应符合设计要求。楼层梯段相邻踏步高度差不应大于10mm;每踏步两端宽度差不应大于10mm,旋转楼梯梯段的每踏步两端宽度的允许偏差不应大于5mm。踏步面层应做防滑处理,齿角应整齐,防滑条应顺直、牢固。

检验方法:观察检查和用钢尺检查。

检查数量:按本规范第3.0.21条规定的检验批检查。

5.4.15 水磨石面层的允许偏差应符合本规范表5.1.7的规定。

检验方法:按本规范表5.1.7中的检验方法检验。

检查数量:按本规范第3.0.21条规定的检验批和第3.0.22条的规定检查。

涂料面层检验批质量验收记录
[《建筑地面工程施工质量验收规范》(GB 50209—2010)]

03010208　　　　　　

水性涂料
涂饰工程
检验批质量
验收记录表
案例

单位(子单位) 工程名称						
分部(子分部) 工程名称			分项工程名称			
施工单位		项目负责人		检验批容量		
分包单位		分包单位 项目负责人		检验批部位		
施工依据			验收依据			

验收项目			设计要求及 规范规定	最小/实际 抽样数量	检查记录	检查结果
主控项目	1	涂料质量	第5.9.4条	/		
	2	涂料进入施工现场时,应有苯、甲苯十二甲苯、挥发性有机化合物(VOC)和游离甲苯二异氰酸酯(TDI)限量合格的检测报告	第5.9.5条	/		
	3	涂料面层的表面不应有开裂、空鼓、漏涂和倒泛水、积水等现象	第5.9.6条	/		
一般项目	1	涂料找平层	第5.9.7条	/		
	2	涂料面层应光洁,色泽应均匀、一致,不应有起泡、起皮、泛砂等现象	第5.9.8条	/		
	3	楼梯、台阶踏步	踏步尺寸及面层质量	第5.9.9条	/		
			楼层梯段相邻踏步高度差	10mm	/		
			每踏步两端宽度差	10mm	/		
			旋转楼梯踏步两端宽度	5mm	/		
	4	面层允许偏差	表面平整度	2mm	/		
			踢脚线上口平直	3mm	/		
			缝格顺直	2mm	/		

施工单位检查结果	施工员; 质检员: 　　　　　　　　　　　　年　月　日
监理(建设)单位验收结论	专业监理工程师: (建设单位项目专业技术负责人) 　　　　　　　　　　　　年　月　日

【相关知识要点】

涂料面层检验批质量验收记录[《建筑地面工程施工质量验收规范》(GB 50209—2010)]相关知识要点如下。

1. 检验批划分

3.0.21 建筑地面工程施工质量的检验应符合下列规定:

基层(各构造层)和各类面层的分项工程的施工质量验收应以每一层次或每层施工段(或变形缝)作为检验批,高层建筑的标准层可以每3层(不足3层按3层计)作为检验批。

2. 合格标准(略)

3.《建筑地面工程施工质量验收规范》(GB 50209—2010)质量检验标准条款

(1)主控项目。

5.9.4 涂料应符合设计要求和国家现行有关标准的规定。

检验方法:观察检查和检查型式检验报告、出厂检验报告、出厂合格证。

检查数量:同一工程、同一材料、同一生产厂家、同一型号、同一规格、同一批号检查一次。

5.9.5 涂料进入施工现场时,应有苯、甲苯十二甲苯、挥发性有机化合物(VOC)和游离甲苯二异氰酸酯(TDI)限量合格的检测报告。

检验方法:检查检测报告。

检查数量:同一材料、同一生产厂家、同一型号、同一规格、同一批号检查一次。

5.9.6 涂料面层的表面不应有开裂、空鼓、漏涂和倒泛水、积水等现象。

检验方法:观察检查和泼水检查。

检查数量:按本规范第3.0.21条规定的检验批检查。

(2)一般项目。

5.9.7 涂料找平层应平整,不应有刮痕。

检验方法:观察检查。

检查数量:按本规范第3.0.21条规定的检验批检查。

5.9.8 涂料面层应光洁,色泽应均匀、一致,不应有起泡、起皮、泛砂等现象。

检验方法:观察检查。

检查数量:按本规范第3.0.21条规定的检验批检查。

5.9.9 楼梯、台阶踏步的宽度、高度应符合设计要求。楼层梯段相邻踏步高度差不应大于10mm;每踏步两端宽度差不应大于10mm,旋转楼梯梯段的每踏步两端宽度的允许偏差不应大于5mm。踏步面层应做防滑处理,齿角应整齐,防滑条应顺直、牢固。

检验方法:观察检查和用钢尺检查。

检查数量:按本规范第3.0.21条规定的检验批检查。

5.9.10 涂料面层的允许偏差应符合本规范表5.1.7的规定。

检验方法:按本规范表5.1.7中的检验方法检验。

检查数量:按本规范第3.0.21条规定的检验批和第3.0.22条的规定检查。

砖面层检验批质量验收记录
[《建筑地面工程施工质量验收规范》(GB 50209—2010)]

03010301 _____

单位(子单位) 工程名称						
分部(子分部) 工程名称				分项工程名称		
施工单位			项目负责人		检验批容量	
分包单位			分包单位 项目负责人		检验批部位	
施工依据				验收依据		

验收项目			设计要求及 规范规定	最小/实际 抽样数量	检查记录	检查结果
主控项目	1	材料质量	第6.2.5条	/		
	2	板块产品应有放射性限量合格的检测报告	第6.2.6条	/		
	3	面层与下一层结合质量	第6.2.7条	/		
一般项目	1	面层表面及板块质量	第6.2.8条	/		
	2	邻接处镶边用料	第6.2.9条	/		
	3	踢脚线质量	第6.2.10条	/		
	4	楼梯、台阶踏步	踏步尺寸及面层质量	第6.2.11条	/		
			楼层梯段相邻踏步高度差	10mm	/		
			每踏步两端宽度差	10mm	/		
			旋转楼梯踏步两端宽度	5mm	/		
	5	面层表面坡度	第6.2.12条	/		
	6	表面允许偏差	缸砖	4.0mm	/		
			水泥花砖	3.0mm	/		
			陶瓷锦砖、陶瓷地砖	2.0mm	/		
		缝格平直		3.0mm	/		
		接缝高低差	陶瓷锦砖、陶瓷地砖、水泥花砖	0.5mm	/		
			缸砖	1.5mm	/		
		踢脚线上口平直	陶瓷锦砖、陶瓷地砖	3.0mm	/		
			缸砖	4.0mm	/		
		板块间隙宽度		2.0mm	/		

续表

单位(子单位) 工程名称				
分部(子分部) 工程名称		分项工程名称		
施工单位		项目负责人	检验批容量	
分包单位		分包单位 项目负责人	检验批部位	
施工依据		验收依据		
施工单位检查结果	施工员: 质检员: 年　月　日			
监理(建设)单位验收结论	专业监理工程师: (建设单位项目专业技术负责人) 年　月　日			

【相关知识要点】

砖面层检验批质量验收记录[《建筑地面工程施工质量验收规范》(GB 50209—2010)]相关知识要点如下。

1. 检验批划分

3.0.21　建筑地面工程施工质量的检验应符合下列规定:

基层(各构造层)和各类面层的分项工程的施工质量验收应以每一层次或每层施工段(或变形缝)作为检验批,高层建筑的标准层可以每3层(不足3层按3层计)作为检验批。

2. 合格标准(略)

3. 《建筑地面工程施工质量验收规范》(GB 50209—2010)质量检验标准条款

6.1.8　板块面层的允许偏差和检验方法应符合表6.1.8的规定。

表6.1.8　　　　　　　　　　　　　板块面层的允许偏差和检验方法

项次	项目	允许偏差/mm											检验方法
		陶瓷锦砖面层、高级水磨石板、陶瓷地砖面层	缸砖面层	水泥花砖面层	水磨石板块面层	大理石面层、花岗石面层、人造石面层、金属板面层	塑料板面层	水泥混凝土板块面层	碎拼大理石、碎拼花岗石面层	活动地板面层	条石面层	块石面层	
1	表面平整度	2.0	4.0	3.0	3.0	1.0	2.0	4.0	3.0	2.0	10	10	用2m靠尺和楔形塞尺检查
2	缝格平直	3.0	3.0	3.0	3.0	2.0	3.0	3.0	—	2.5	8.0	8.0	拉5m线和用钢尺检查
3	接缝高低差	0.5	1.5	0.5	1.0	0.5	0.5	1.5	—	0.4	2.0	—	用钢尺和楔形塞尺检查
4	踢脚线上口平直	3.0	4.0	—	4.0	1.0	2.0	4.0	1.0	—			拉5m线和用钢尺检查
5	板块间隙宽度	2.0	2.0	2.0	2.0	1.0	—	6.0	—	0.3	5.0	—	用钢尺检查

（1）主控项目。

6.2.5　砖面层所用板块产品应符合设计要求和国家现行有关标准的规定。

检验方法：观察检查和检查型式检验报告、出厂检验报告、出厂合格证。

检查数量：同一工程、同一材料、同一生产厂家、同一型号、同一规格、同一批号检查一次。

6.2.6　砖面层所用板块产品进入施工现场时，应有放射性限量合格的检测报告。

检验方法：检查检测报告。

检查数量：同一工程、同一材料、同一生产厂家、同一型号、同一规格、同一批号检查一次。

6.2.7　面层与下一层的结合（黏结）应牢固，无空鼓（单块砖边角允许有局部空鼓，但每自然间或标准间的空鼓砖不应超过总数的5%）。

检验方法：用小锤轻击检查。

检查数量：按本规范第3.0.21条规定的检验批检查。

（2）一般项目。

6.2.8　砖面层的表面应洁净、图案清晰，色泽应一致，接缝应平整，深浅应一致，周边应顺直。板块应无裂纹、掉角和缺棱等缺陷。

检验方法：观察检查。

检查数量：按本规范第3.0.21条规定的检验批检查。

6.2.9　面层邻接处的镶边用料及尺寸应符合设计要求，边角应整齐、光滑。

检验方法：观察和用钢尺检查。

检查数量：按本规范第3.0.21条规定的检验批检查。

6.2.10　踢脚线表面应洁净，与柱、墙面的结合应牢固。踢脚线高度及出柱、墙厚度应符合设计要求，且均匀一致。

检验方法：观察和用小锤轻击及钢尺检查。

检查数量：按本规范第3.0.21条规定的检验批检查。

6.2.11　楼梯、台阶踏步的宽度、高度应符合设计要求。踏步板块的缝隙宽度应一致；楼层梯段相邻踏步高度差不应大于10mm；每踏步两端宽度差不应大于10mm，旋转楼梯梯段的每踏步两端宽度的允许偏差不应大于5mm。踏步面层应做防滑处理，齿角应整齐，防滑条应顺直、牢固。

检验方法：观察和用钢尺检查。

检查数量：按本规范第3.0.21条规定的检验批检查。

6.2.12　面层表面的坡度应符合设计要求，不倒泛水、无积水；与地漏、管道结合处应严密、牢固，无渗漏。

检验方法：观察、泼水或用坡度尺及蓄水检查。

检查数量：按本规范第3.0.21条规定的检验批检查。

6.2.13　砖面层的允许偏差应符合本规范表6.1.8的规定。

检验方法：按本规范表6.1.8中的检验方法检验。

检查数量：按本规范第3.0.21条规定的检验批和第3.0.22条的规定检查。

大理石面层和花岗石面层检验批质量验收记录
[《建筑地面工程施工质量验收规范》(GB 50209—2010)]

03010302 _____

单位(子单位) 工程名称						
分部(子分部) 工程名称				分项工程名称		
施工单位			项目负责人		检验批容量	
分包单位			分包单位 项目负责人		检验批部位	
施工依据				验收依据		

验收项目			设计要求及 规范规定	最小/实际 抽样数量	检查记录	检查结果
主控 项目	1	材料质量	第6.3.4条	/		
	2	板块产品应有放射性限量合格的检测报告	第6.3.5条	/		
	3	面层与下一层结合质量	第6.3.6条	/		
一般 项目	1	板块背面和侧面防碱处理	第6.3.7条	/		
	2	面层质量	第6.3.8条	/		
	3	踢脚线质量	第6.3.9条	/		
	4	楼梯、台阶踏步 · 踏步尺寸及面层质量	第6.3.10条	/		
		楼层梯段相邻踏步高度差	10mm	/		
		每踏步两端宽度差	10mm	/		
		旋转楼梯踏步两端宽度	5mm	/		
	5	面层表面坡度	第6.3.11条	/		
	6	表面允许偏差 · 大理石面层和花岗石面层	1mm	/		
		碎拼大理石和碎拼花岗石面层	3mm	/		
		缝格平直	2mm	/		
		接缝高低差	0.5mm	/		
		踢脚线上口平直	1mm	/		
		板块间隙宽度	1mm	/		

续表

单位（子单位） 工程名称					
分部（子分部） 工程名称			分项工程名称		
施工单位		项目负责人		检验批容量	
分包单位		分包单位 项目负责人		检验批部位	
施工依据			验收依据		
施工单位检查结果	施工员： 质检员： 年 月 日				
监理（建设）单位验收结论	专业监理工程师： （建设单位项目专业技术负责人） 年 月 日				

【相关知识要点】

大理石面层和花岗石面层检验批质量验收记录［《建筑地面工程施工质量验收规范》（GB 50209—2010)］相关知识要点如下。

1. 检验批划分

3.0.21 建筑地面工程施工质量的检验应符合下列规定：

基层（各构造层）和各类面层的分项工程的施工质量验收应以每一层次或每层施工段（或变形缝）作为检验批，高层建筑的标准层可以每3层（不足3层按3层计）作为检验批。

2. 合格标准（略）

3. 《建筑地面工程施工质量验收规范》（GB 50209—2010）质量检验标准条款

(1)主控项目。

6.3.4 大理石、花岗石面层所用板块产品应符合设计要求和国家现行有关标准的规定。

检验方法：观察检查和检查质量合格证明文件。

检查数量：同一工程、同一材料、同一生产厂家、同一型号、同一规格、同一批号检查一次。

6.3.5 大理石、花岗石面层所用板块产品进入施工现场时，应有放射性限量合格的检测报告。

检验方法：检查检测报告。

检查数量：同一工程、同一材料、同一生产厂家、同一型号、同一规格、同一批号检查一次。

6.3.6 面层与下一层应结合牢固，无空鼓（单块板块边角允许有局部空鼓，但每自然间或标准间的空鼓板块不应超过总数的5%）。

检验方法：用小锤轻击检查。

检查数量：按本规范第3.0.21条规定的检验批检查。

(2)一般项目。

6.3.7 大理石、花岗石面层铺设前，板块的背面和侧面应进行防碱处理。

检验方法:观察检查和检查施工记录。

检查数量:按本规范第3.0.21条规定的检验批检查。

6.3.8 大理石、花岗石面层的表面应洁净、平整、无磨痕,且应图案清晰,色泽一致,接缝均匀,周边顺直,镶嵌正确,板块应无裂纹、掉角、缺棱等缺陷。

检验方法:观察检查。

检查数量:按本规范第3.0.21条规定的检验批检查。

6.3.9 踢脚线表面应洁净,与柱、墙面的结合应牢固。踢脚线高度及出柱、墙厚度应符合设计要求,且均匀一致。

检验方法:观察和用小锤轻击及钢尺检查。

检查数量:按本规范第3.0.21条规定的检验批检查。

6.3.10 楼梯、台阶踏步的宽度、高度应符合设计要求。踏步板块的缝隙宽度应一致;楼层梯段相邻踏步高度差不应大于10mm;每踏步两端宽度差不应大于10mm,旋转楼梯梯段的每踏步两端宽度的允许偏差不应大于5mm。踏步面层应做防滑处理,齿角应整齐,防滑条应顺直、牢固。

检验方法:观察和用钢尺检查。

检查数量:按本规范第3.0.21条规定的检验批检查。

6.3.11 面层表面的坡度应符合设计要求,不倒泛水、无积水;与地漏、管道结合处应严密、牢固,无渗漏。

检验方法:观察、泼水或用坡度尺及蓄水检查。

检查数量:按本规范第3.0.21条规定的检验批检查。

6.3.12 大理石面层和花岗石面层(或碎拼大理石面层、碎拼花岗石面层)的允许偏差应符合本规范表6.1.8的规定。

检验方法:按本规范表6.1.8中的检验方法检验。

检查数量:按本规范第3.0.21条规定的检验批和第3.0.22条的规定检查。

木门窗制作检验批质量验收记录
[《建筑装饰装修工程质量验收规范》(GB 50210—2001)]

03040101 _____

木门窗制作
工程检验批
质量验收
记录表案例

单位(子单位)工程名称					
分部(子分部)工程名称			分项工程名称		
施工单位		项目负责人		检验批容量	
分包单位		分包单位项目负责人		检验批部位	
施工依据			验收依据		
验收项目		设计要求及规范规定	最小/实际抽样数量	检查记录	检查结果
主控项目	1 材料质量	第5.2.2条	/		
	2 木材含水率	第5.2.3条	/		
	3 防火、防腐、防虫	第5.2.4条	/		
	4 木节及虫眼	第5.2.5条	/		
	5 棒槽连接	第5.2.6条	/		
	6 胶合板门、纤维板门、模压门的质量	第5.2.7条	/		

单位(子单位)工程名称					
分部(子分部)工程名称			分项工程名称		
施工单位		项目负责人		检验批容量	
分包单位		分包单位项目负责人		检验批部位	
施工依据			验收依据		

验收项目					设计要求及规范规定	最小/实际抽样数量	检查记录	检查结果
一般项目	1	木门窗表面质量			第5.2.12条	/		
	2	木门窗割角、拼缝			第5.2.13条	/		
	3	木门窗槽、孔质量			第5.2.14条	/		
	4	制作允许偏差	翘曲	框	普通	3	/	
					高级	2	/	
				扇	普通	2	/	
					高级	2	/	
			对角线长度差	框、扇	普通	3	/	
					高级	2	/	
			表面平整度	扇	普通	2	/	
					高级	2	/	
			高度、宽度	框	普通	0;−2	/	
					高级	0;−1	/	
				扇	普通	+2;0	/	
					高级	+1;0	/	
			裁口、线条结合处高低差	框、扇	普通	1	/	
					高级	0.5	/	
			相邻棍子两端同2	扇	普通	2	/	
					高级	1	/	

施工单位检查结果	施工员： 质检员： 年　月　日
监理(建设)单位验收结论	专业监理工程师： (建设单位项目专业技术负责人) 年　月　日

【相关知识要点】

木门窗制作检验批质量验收记录[《建筑装饰装修工程质量验收规范》(GB 50210—2001)]相关知识要点如下。

1.检验批划分

5.1.5　各分项工程的检验批应按下列规定划分：

①同一品种、类型和规格的木门窗、金属门窗、塑料门窗及门窗玻璃每100樘应划分为一个检验批，不足100樘也应划分为一个检验批。

②同一品种、类型和规格的特种门每50樘应划分为一个检验批，不足50樘也应划分为一个检验批。

5.1.6　检查数量应符合下列规定：

①木门窗、金属门窗、塑料门窗及门窗玻璃，每个检验批应至少抽查5%，并不得少于3樘，不足3樘时应全数检查；高层建筑的外窗，每个检验批应至少抽查10%，并不得少于6樘，不足6樘时应全数检查。

②特种门每个检验批应至少抽查50%，并不得少于10樘，不足10樘时应全数检查。

说明：本条也适用本规范其他表格中的类似情况，类似情况中不再列出此条。

2.合格标准(略)

3.《建筑装饰装修工程质量验收规范》(GB 50210—2001)质量检验标准条款

(1)主控项目。

5.2.2　木门窗的木材品种、材质等级、规格、尺寸、框扇的线型及人造木板的甲醛含量应符合设计要求。设计未规定材质等级时，所用木材的质量应符合本规范附录A的规定。

检验方法：观察；检查材料进场验收记录和复验报告。

5.2.3　木门窗应采用烘干的木材，含水率应符合《木门窗》(GB/T 29498—2013)的规定。

检验方法：检查材料进场验收记录。

5.2.4　木门窗的防火、防腐、防虫处理应符合设计要求。

检验方法：观察；检查材料进场验收记录。

5.2.5　木门窗的结合处和安装配件处不得有木节或已填补的木节。木门窗如有允许限值以内的死节及直径较大的虫眼，应用同一材质的木塞加胶填补。对于清漆制品，木塞的木纹和色泽应与制品一致。

检验方法：观察。

5.2.6　门窗框和厚度大于50mm的门窗扇应用双榫连接。榫槽应采用胶料严密嵌合，并应用胶楔加紧。

检验方法：观察；手扳检查。

5.2.7　胶合板门、纤维板门和模压门不得脱胶。胶合板不得刨透表层单板，不得有戗槎。制作胶合板门、纤维板门时，边框和横楞应在同一平面上，面层、边框及横楞应加压胶结。横楞和上、下冒头应各钻两个以上的透气孔，透气孔应通畅。

检验方法：观察。

5.2.12　木门窗表面应洁净，不得有刨痕、锤印。

检验方法：观察。

5.2.13　木门窗的割角、拼缝应严密、平整。门窗框、扇裁口应顺直，刨面应平整。

检验方法：观察。

5.2.14　木门窗上的槽、孔应边缘整齐，无毛刺。

检验方法：观察。

5.2.17　木门窗制作的允许偏差和检验方法应符合表5.2.17的规定。

说明：表5.2.17中允许偏差栏中所列数值，凡注明正负号的，表示本规范对此偏差的不同方向有不同要求，应严格遵守。凡没有注明正负号的，即使其偏差可能具有方向性，但本规范并未对这类偏差的方向性做出规定，故检查时对这些偏差可以不考虑方向性要求。本条说明也适用本规范其他表格中的类似情况。

表 5.2.17　　　　　　　　　　　木门窗制作的允许偏差和检验方法

项次	项目	构件名称	允许偏差/mm		检验方法
			普通	高级	
1	翘曲	框	3	2	将框、扇平放在检查平台上,用塞尺检查
		扇	2	2	
2	对角线长度差	框、扇	3	2	用钢尺检查,框量裁口里角,扇量外角
3	表面平整度	扇	2	2	用1m靠尺和塞尺检查
4	高度、宽度	框	0;-2	0;-1	用钢尺检查,框量裁口里角,扇量外角
		扇	+2;0	+1;0	
5	裁口、线条结合处高低差	框、扇	1	0.5	用钢直尺和塞尺检查
6	相邻棂子两端间距	扇	2	1	用钢直尺检查

木门窗安装检验批质量验收记录
[《建筑装饰装修工程质量验收规范》(GB 50210—2001)]

03040102 _____

门窗安装工程
检验批质量
验收记录表
案例

单位(子单位) 工程名称						
分部(子分部) 工程名称				分项工程名称		
施工单位			项目负责人		检验批容量	
分包单位			分包单位 项目负责人		检验批部位	
施工依据				验收依据		
验收项目			设计要求及 规范规定	最小/实际 抽样数量	检查记录	检查结果
主控 项目	1	木门窗品种、规格、安装方向位置	第5.2.8条	/		
	2	木门窗安装牢固	第5.2.9条	/		
	3	木门窗扇安装	第5.2.10条	/		
	4	门窗配件安装	第5.2.11条	/		
一般 项目	1	缝隙嵌填材料	第5.2.15条	/		
	2	批水、盖口条等细部	第5.2.16条	/		

续表

单位(子单位)工程名称							
分部(子分部)工程名称				分项工程名称			
施工单位			项目负责人			检验批容量	
分包单位			分包单位项目负责人			检验批部位	
施工依据				验收依据			

验收项目				设计要求及规范规定				最小/实际抽样数量	检查记录	检查结果
一般项目	3	安装留缝限值及允许偏差	项目	留缝限值/mm		允许偏差/mm		/		
				普通	高级	普通	高级	/		
			门窗槽口对角线长度差	—	—	3	2	/		
			门窗框的正、侧面垂直度	—	—	2	1	/		
			框与扇、扇与扇接缝高低差	—	—	2	1	/		
			门窗扇对口缝	1～2.5	1.5～2	—	—	/		
			工业厂房双扇大门对口缝	2～5	—	—	—	/		
			门窗扇与上框间留缝	1～2	1～1.5	—	—	/		
			门窗扇与侧框间留缝	1～2.5	1～1.5	—	—	/		
			窗扇与下框间留缝	2～3	2～2.5	—	—	/		
			门扇与下框间留缝	3～5	3～4	—	—	/		
			双扇门窗内外框间距	—	—	4	3	/		
			无下框时门扇与地面间留缝 外门	4～7	5～6	—	—	/		
			内门	5～8	6～7	—	—	/		
			卫生间门	8～12	8～10	—	—	/		
			厂房大门	10～20	—	—	—	/		

续表

单位(子单位) 工程名称				
分部(子分部) 工程名称		分项工程名称		
施工单位		项目负责人		检验批容量	
分包单位		分包单位 项目负责人		检验批部位	
施工依据			验收依据		

施工单位检查结果	施工员： 质检员： 　　　　　　　　　　　年　月　日
监理(建设)单位验收结论	专业监理工程师： (建设单位项目专业技术负责人) 　　　　　　　　　　　年　月　日

【相关知识要点】

木门窗安装检验批质量验收记录［《建筑装饰装修工程质量验收规范》(GB 50210—2001)］相关知识要点如下。

1.检验批划分

5.1.5 各分项工程的检验批应按下列规定划分：

①同一品种、类型和规格的木门窗、金属门窗、塑料门窗及门窗玻璃,每 100 樘应划分为一个检验批,不足 100 樘也应划分为一个检验批。

②同一品种、类型和规格的特种门,每 50 樘应划分为一个检验批,不足 50 樘也应划分为一个检验批。

2.合格标准(略)

3.《建筑装饰装修工程质量验收规范》(GB 50210—2001)质量检验标准条款

(1)主要项目。

5.2.8 木门窗的品种、类型、规格、开启方向、安装位置及连接方式应符合设计要求。

检验方法:观察;尺量检查;检查成品门的产品合格证书。

5.2.9 木门窗框的安装必须牢固。预埋木砖的防腐处理、木门窗框固定点的数量、位置及固定方法应符合设计要求。

检验方法:观察;手扳检查;检查隐蔽工程验收记录和施工记录。

5.2.10 木门窗扇必须安装牢固,并应开关灵活,关闭严密,无倒翘。

检验方法:观察;开启和关闭检查;手扳检查。

5.2.11 木门窗配件的型号、规格、数量应符合设计要求,安装应牢固,位置应正确,功能应满足使用要求。

检验方法:观察;开启和关闭检查;手扳检查。

(2)一般项目。

5.2.15 木门窗与墙体间缝隙的填嵌材料应符合设计要求,填嵌应饱满。寒冷地区外门窗(或门窗框)

与砌体间的空隙应填充保温材料。

检验方法:轻敲门窗框检查;检查隐蔽工程验收记录和施工记录。

5.2.16　木门窗批水、盖口条、压缝条、密封条安装应顺直,与门窗结合应牢固、严密。

检验方法:观察;手扳检查。

5.2.18　木门窗安装的留缝限值、允许偏差和检验方法应符合表5.2.18的规定。

表5.2.18　　　　　　　　　　　木门窗安装的留缝限值、允许偏差和检验方法

项次	项目		留缝限值/mm		允许偏差/mm		检验方法
			普通	高级	普通	高级	
1	门窗槽口对角线长度差		—	—	3	2	用钢尺检查
2	门窗框的下、侧面垂直度		—	—	2	1	用1m垂直检测尺检查
3	框与扇、扇与扇接缝高低差		—	—	2	1	用钢直尺和塞尺检查
4	门窗扇对口缝		1～2.5	1.5～2	—	—	用塞尺检查
5	工业厂房双扇大门对口缝		2～5	—	—	—	
6	门窗扇与上框间留缝		1～2	1～1.5	—	—	
7	门窗扇与侧框间留缝		1～2.5	1～1.5	—	—	
8	窗扇与下框间留缝		2～3	2～2.5	—	—	
9	门扇与下框间留缝		3～5	3～4	—	—	
10	双层门窗内外框间距		—	—	4	3	用钢尺检查
11	无下框时门扇与地面间留缝	外门	4～7	5～6	—	—	用塞尺检查
		内门	5～8	6～7	—	—	
		卫生间门	8～12	8～10	—	—	
		厂房大门	10～20	—	—	—	

塑料门窗安装检验批质量验收记录
[《建筑装饰装修工程质量验收规范》(GB 50210—2001)]

03040301　＿＿＿＿＿＿＿

单位(子单位)工程名称						
分部(子分部)工程名称				分项工程名称		
施工单位			项目负责人		检验批容量	
分包单位			分包单位项目负责人		检验批部位	
施工依据				验收依据		
验收项目			设计要求及规范规定	最小/实际抽样数量	检查记录	检查结果
主控项目	1	门窗质量	第5.4.2条	/		
	2	框、扇安装	第5.4.3条	/		
	3	拼樘料与框连接	第5.4.4条	/		
	4	门窗扇安装	第5.4.5条	/		
	5	配件质量及安装	第5.4.6条	/		
	6	框与墙体缝隙填嵌	第5.4.7条	/		

单位(子单位) 工程名称							
分部(子分部) 工程名称				分项工程名称			
施工单位			项目负责人			检验批容量	
分包单位			分包单位 项目负责人			检验批部位	
施工依据				验收依据			
验收项目			设计要求及 规范规定	最小/实际 抽样数量	检查记录	检查结果	
一般项目	1	表面质量		第5.4.8条	/		
	2	密封条及旋转门窗间隙		第5.4.9条	/		
	3	门窗扇开关力		第5.4.10条	/		
	4	玻璃密封条、玻璃槽口		第5.4.11条	/		
	5	排水孔		第5.4.12条	/		
	6	安装留缝限值及允许偏差/mm	门窗槽口宽度、高度 ≤1500mm	2	/		
			门窗槽口宽度、高度 >1500mm	3	/		
			门窗槽口对角线长度差 ≤2000mm	3	/		
			门窗槽口对角线长度差 >2000mm	5	/		
			门窗框的正、侧面垂直度	3	/		
			门窗横框的水平度	3	/		
			门窗横框标高	5	/		
			门窗竖向偏离中心	5	/		
			双层门窗内外框间距	4	/		
			同樘平开门窗相邻扇高度差	2	/		
			平开门窗铰链部位配合间隙	+2,−1	/		
			推拉门窗与框搭接量	+1.5,−2.5	/		
			推拉门窗扇与竖框平行度	2	/		

施工单位检查结果	施工员： 质检员： 　　　　　　　　　　　　　　　　　　　年　月　日
监理(建设)单位验收结论	专业监理工程师： (建设单位项目专业技术负责人) 　　　　　　　　　　　　　　　　　　　年　月　日

【相关知识要点】

塑料门窗安装检验批质量验收记录[《建筑装饰装修工程质量验收规范》(GB 50210—2001)]相关知识要点如下。

1. 检验批划分

5.1.5 各分项工程的检验批应按下列规定划分：

①同一品种、类型和规格的木门窗、金属门窗、塑料门窗及门窗玻璃，每100樘应划分为一个检验批，不足100樘也应划分为一个检验批。

②同一品种、类型和规格的特种门，每50樘应划分为一个检验批，不足50樘也应划分为一个检验批。

2. 合格标准(略)

3.《建筑装饰装修工程质量验收规范》(GB 50210—2001)质量检验标准条款

(1)主控项目。

5.4.2 塑料门窗的品种、类型、规格、尺寸、开启方向、安装位置、连接方式及填嵌密封处理应符合设计要求，内衬增强型钢的壁厚及设置应符合国家现行产品标准的质量要求。

检验方法：观察；尺量检查；检查产品合格证书、性能检测报告、进场验收记录和复验报告；检查隐蔽工程验收记录。

5.4.3 塑料门窗框、副框和扇的安装必须牢固。固定片或膨胀螺栓的数量与位置应正确，连接方式应符合设计要求。固定点应距窗角、中横框、中竖框150~200mm，固定点间距应不大于600mm。

检验方法：观察；手扳检查；检查隐蔽工程验收记录。

5.4.4 塑料门窗拼樘料内衬增加型钢的规格、壁厚必须符合设计要求，型钢应与型材内腔紧密吻合，其两端必须与洞口固定牢固。窗框必须与拼樘料连接紧密，固定点间距应不大于600mm。

检验方法：观察；手扳检查；尺量检查；检查进场验收记录。

说明：拼樘料的作用不仅是连接多樘窗，而且起着重要的固定作用。故本规范从安全角度，对拼樘料做出了严格要求。

5.4.5 塑料门窗扇应开关灵活、关闭严密，无倒翘。推拉门窗扇必须有防脱落措施。

检验方法：观察；开启和关闭检查；手扳检查。

5.4.6 塑料门窗配件的型号、规格、数量应符合设计要求，安装应牢固，位置应正确，功能应满足使用要求。

检验方法：观察；手扳检查；尺量检查。

5.4.7 塑料门窗框与墙体间缝隙应采用闭孔弹性材料填嵌饱满，表面应采用密封胶密封。密封胶应黏结牢固，表面应光滑、顺直、无裂纹。

检验方法：观察；检查隐蔽工程验收记录。

说明：塑料门窗的线性膨胀系数较大，由于温度升降易引起门窗变形或在门窗框与墙体间出现裂缝，为了防止上述现象，特规定塑料门窗框与墙体间缝隙应采用伸缩性能较好的闭孔弹性材料填嵌，并用密封胶密封。采用闭孔材料则是为了防止材料吸水导致连接件锈蚀，影响安装强度。

(2)一般项目。

5.4.8 塑料门窗表面应洁净、平整、光滑，大面应无划痕、碰伤。

检验方法：观察。

5.4.9 塑料门窗扇的密封条不得脱槽。旋转窗间隙应基本均匀。

5.4.10 塑料门窗扇的开关力应符合下列规定：

①平开门窗扇平铰链的开关力应不大于80N；滑撑铰链的开关力应不大于80N，并不小于30N。

②推拉门窗扇的开关力应不大于100N。

检验方法：观察；用弹簧秤检查。

5.4.11 玻璃密封条与玻璃槽口的接缝应平整，不得卷边、脱槽。

检验方法：观察。

5.4.12 排水孔应畅通,位置和数量应符合设计要求。

检验方法:观察。

5.4.13 塑料门窗安装的允许偏差和检验方法应符合表 5.4.13 的规定。

表 5.4.13　　　　塑料门窗安装的允许偏差和检验方法

项次	项目		允许偏差/mm	检验方法
1	门窗槽口宽度、高度	≤1500mm	2	用钢尺检查
		>1500mm	3	
2	门窗槽口对角线长度差	≤2000mm	3	用钢尺检查
		>2000mm	5	
3	门窗框的正、侧面垂直度		3	用1m垂直检测尺检查
4	门窗横框的水平度		3	用1m水平尺和塞尺检查
5	门窗横框标高		5	用钢尺检查
6	门窗竖向偏离中心		5	用钢直尺检查
7	双层门窗内外框间距		4	用钢尺检查
8	同樘平开门窗相邻扇高度差		2	用钢尺检查
9	平开门窗铰链部位配合间隙		+2;−1	用塞尺检查
10	推拉门窗扇与框搭接量		+1.5;−2.5	用钢尺检查
11	推拉门窗扇与竖框平行度		2	用1m水平尺和塞尺检查

护栏和扶手制作与安装检验批质量验收记录

[《建筑装饰装修工程质量验收规范》(GB 50210—2001)]

03120401 ＿＿＿＿＿＿＿

护栏和扶手
制作与安装
工程检验批
质量验收
记录表案例

单位(子单位)工程名称							
分部(子分部)工程名称				分项工程名称			
施工单位			项目负责人			检验批容量	
分包单位			分包单位项目负责人			检验批部位	
施工依据				验收依据			
验收项目			设计要求及规范规定	最小/实际抽样数量	检查记录	检查结果	
主控项目	1	材料质量	第12.5.3条	/			
	2	造型、尺寸、安装位置	第12.5.4条	/			
	3	预埋件及连接	第12.5.5条	/			
	4	护栏高度、位置与安装	第12.5.6条	/			
	5	护栏玻璃	第12.5.7条	/			
一般项目	1	转角、接缝及表面质量	第12.5.8条				
	2 安装允许偏差	护栏垂直度/mm	3				
		栏杆间距/mm	3				
		扶手直线度/mm	4	/			
		扶手高度/mm	3	/			

续表

单位(子单位) 工程名称				
分部(子分部) 工程名称		分项工程名称		
施工单位		项目负责人		检验批容量
分包单位		分包单位 项目负责人		检验批部位
施工依据		验收依据		
施工单位检查结果	施工员： 质检员： 			年 月 日
监理(建设)单位验收结论	专业监理工程师： (建设单位项目专业技术负责人) 			年 月 日

【相关知识要点】

护栏和扶手制作与安装检验批质量验收记录[《建筑装饰装修工程质量验收规范》(GB 50210—2001)]相关知识。

1. 检验批划分

12.1.5 各分项工程的检验批应按下列规定划分：

①同类制品每50间(处)应划分为一个检验批，不足50间(处)也应划分为一个检验批。

②每部楼梯应划分为一个检验批。

12.5.2 检查数量应符合下列规定：

每个检验批的护栏和扶手应全部检查。

2. 合格标准(略)

3.《建筑装饰装修工程质量验收规范》(GB 50210—2001)质量检验标准条款

(1)主控项目。

12.5.3 护栏和扶手制作与安装所使用材料的材质、规格、数量和木材、塑料的燃烧性能等级应符合设计要求。

检验方法：观察；检查产品合格证书、进场验收记录和性能检测报告。

12.5.4 护栏和扶手的造型、尺寸及安装位置应符合设计要求。

检验方法：观察；尺量检查；检查进场验收记录。

12.5.5 护栏和扶手安装预埋件的数量、规格、位置以及护栏与预埋件的连接节点应符合设计要求。

检验方法：检查隐蔽工程验收记录和施工记录。

12.5.6 护栏高度、栏杆间距、安装位置必须符合设计要求。护栏安装必须牢固。

检验方法：观察；尺量检查；手扳检查。

12.5.7 护栏玻璃应使用公称厚度不小于12mm的钢化玻璃或钢化夹层玻璃。当护栏一侧距楼地面高度为5m及5m以上时，应使用钢化夹层玻璃。

检验方法:观察;尺量检查;检查产品合格证书和进场验收记录。

(2)一般项目。

12.5.8 护栏和扶手转角弧度应符合设计要求,接缝应严密,表面应光滑,色泽应一致,不得有裂缝、翘曲及损坏。

检验方法:观察;手摸检查。

12.5.9 护栏和扶手安装的允许偏差和检验方法应符合表12.5.9的规定。

表12.5.9　　　　　　　　护栏和扶手安装的允许偏差和检验方法

项次	项目	允许偏差/mm	检验方法
1	护栏垂直度	3	用1m垂直检测尺检查
2	栏杆间距	3	用钢尺检查
3	扶手直线度	4	拉通线,用钢直尺检查
4	扶手高度	3	用钢尺检查

延伸阅读:
各类工程
检验批质量
验收记录表
案例

附　录

附录　各类常用表格及
报告模板

参 考 文 献

［1］ 中华人民共和国住房和城乡建设部,中华人民共和国国家质量监督检验检疫总局.GB/T 50328—2014 建设工程文件归档整理规范.北京:中国建筑工业出版社,2014.

［2］ 中华人民共和国住房和城乡建设部,中华人民共和国国家质量监督检验检疫总局.GB/T 50300—2013 建筑工程施工质量验收统一标准.北京:中国建筑工业出版社,2013.

［3］ 中华人民共和国建设部,中华人民共和国国家质量监督检验检疫总局.GB/T 50202—2002 建筑地基基础工程施工质量验收规范.北京:中国建筑工业出版社,2002.

［4］ 中华人民共和国住房和城乡建设部,中华人民共和国国家质量监督检验检疫总局.GB/T 50203—2011 砌体结构工程施工质量验收规范.北京:中国建筑工业出版社,2011.

［5］ 中华人民共和国住房和城乡建设部,中华人民共和国国家质量监督检验检疫总局.GB/T 50204—2015 混凝土结构工程施工质量验收规范.北京:中国建筑工业出版社,2015.

［6］ 中华人民共和国住房和城乡建设部,中华人民共和国国家质量监督检验检疫总局.GB/T 50206—2012 木结构工程施工质量验收规范.北京:中国建筑工业出版社,2012.

［7］ 中华人民共和国住房和城乡建设部,中华人民共和国国家质量监督检验检疫总局.GB/T 50207—2012 屋面工程质量验收规范.北京:中国建筑工业出版社,2012.

［8］ 中华人民共和国住房和城乡建设部,中华人民共和国国家质量监督检验检疫总局.GB/T 50208—2011 地下防水工程质量验收规范.北京:中国建筑工业出版社,2011.

［9］ 中华人民共和国住房和城乡建设部,中华人民共和国国家质量监督检验检疫总局.GB/T 50209—2010 建筑地面工程施工质量验收规范.北京:中国计划出版社,2010.

［10］ 中华人民共和国建设部,中华人民共和国国家质量监督检验检疫总局.GB/T 50210—2001 建筑装饰装修工程质量验收规范.北京:中国建筑工业出版社,2002.

［11］ 中华人民共和国建筑法.3版.北京:中国法制出版社,2015.